見えた！分かった！幸せになるコツ

あるがままを活かそう

川副 陽介
Yosuke Kawasoe

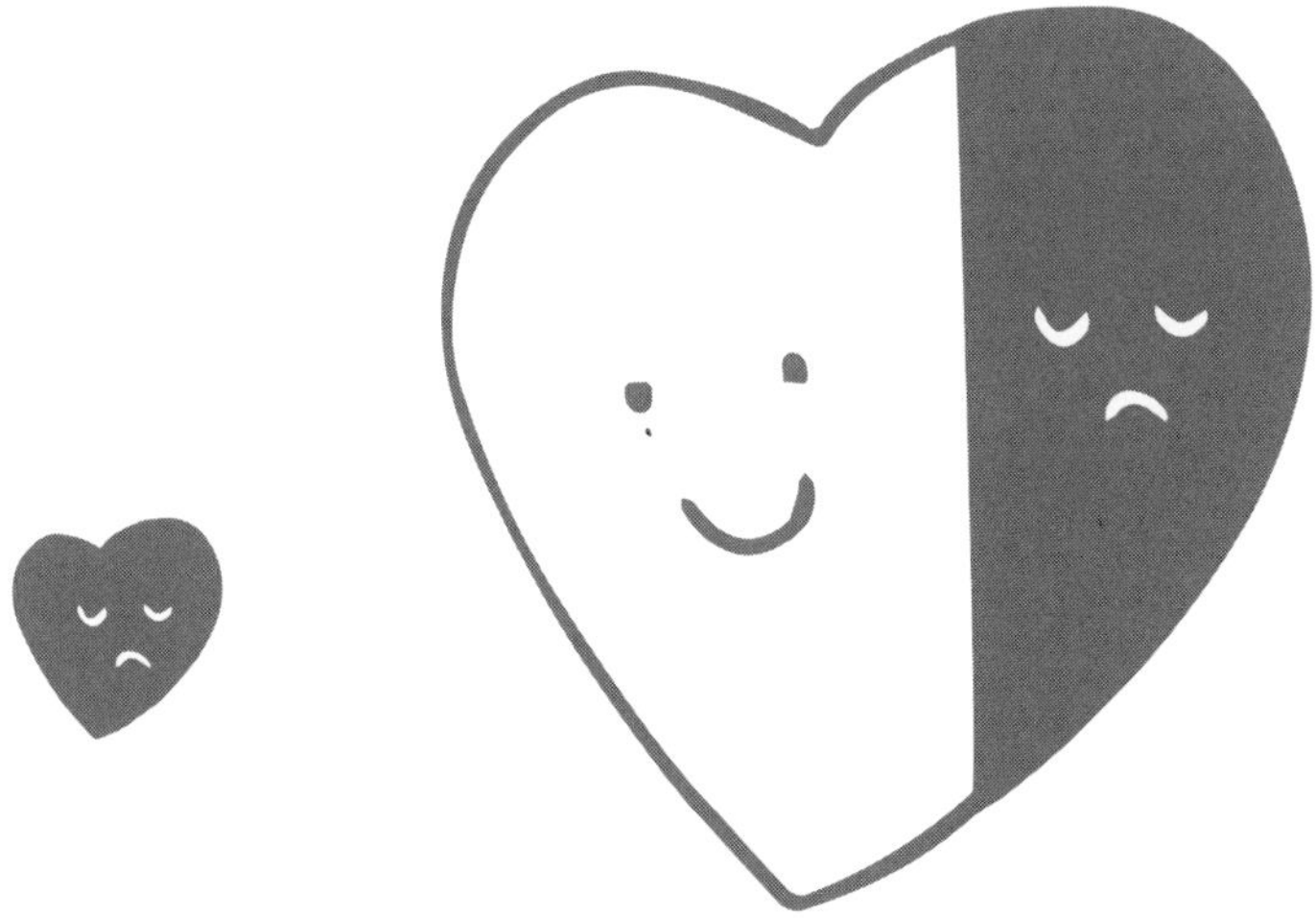

文芸社

◎もくじ◎

第一章　大自然と人生 ―― 9

第一章

大自然と人生

互いに生かし
生かされ合う

人を生かす（人生の道場）

人は、特技を磨けば、より多くの人々を喜ばせることができます。また、得意分野を伸ばせば、これも充分貢献できます。満足してもらうことができます。

社会に役立ち、必要とされます。いつも、いつまでも。できれば、したいこと、好きなことであればなおさらです。それでなくても、できることを精一杯努力することが、社会の一員ということではないでしょうか。

人間も動物なので、自然に生かされていることを自覚し、どちらかと言えば、より自然な生き方に努めるほうが、何かと幸せな人生となるような気がします。

科学技術の進歩も、人間の自然な欲望から生み出されたことではありますが、それも含めた大自然のより大きな働きで、これから先、どのような影響を受けることになるかという疑問が湧きます。

視点は、地球規模、宇宙規模で、行動は自身から。

環境（自然現象、気象、生態系）問題、資源活用は循環型へ。

情報は即時、全世界へ伝播する時代で、受ける側の選択の責任が問われる等々。

太陽の熱と光、地球の土と水、月の明かり、その他無数の星、空気中の酸素や窒素、その他、ありとあらゆる物質によって、この大宇宙が形成されています。

すべてが相互相関関係で成り立っています。

生命の誕生も、その相関関係の営みによるものであり、人間も、他の動物も、植物も、海の生物も、この全体の宇宙の法則（道理）によって、互いに生かし、生かされ合っているのです。

自分の肉眼で見る周囲の風景そのものは変わりません。ところが、心が曇ると周囲の景色も曇って見えます。あるいは、考え事や、何かに囚われていると、現実の姿や動きを認識できません。

心の持ち方次第で周りの景色も変わります。

心が安定して穏やかであれば周りの様子や状況がよく観えます。

大自然と共に、地球と共に、人々と共に。お互いさまなのです。
＊本書では心の目で見る場合は「観」の漢字で表記しています。

よく学び、よく働き、そして、楽しみながら、有意義で豊かな人生となるようにしたいものです。

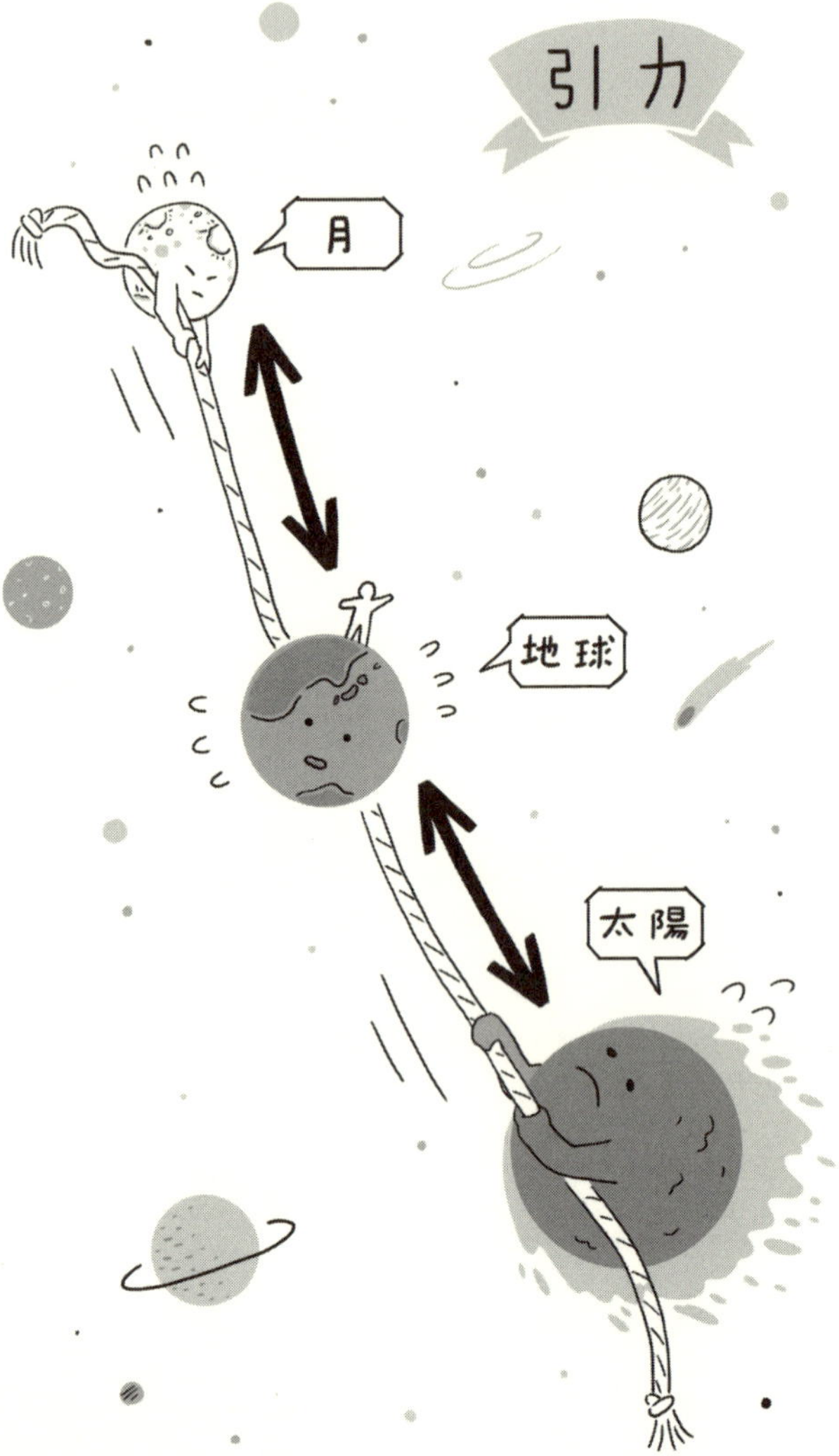
引力
月
地球
太陽

すべての物事は表裏一体です。その意味するところは、そのことを心がどう捉えるかということです。ものの観方、考え方次第で、良くも悪くもなり得るということです。

天を相手に人事を尽くし、誠を尽くしましょう。遠くを照らして観て、近くで地に足をつけ、持てるもので構想を練り、今を生きることではありませんか。

あらゆる自らの能力を尽くし、人々の欲求に応えることができるように精進を続けることが、生きる道ではないかと思われます。

人生は欲望との闘いです。人生に克つこととは、自らの欲望を捨てきることと言えるのではないでしょうか。しかし、そもそも、生物の本能からして、それは、それこそ自然に逆らうようなもので、大変難しいから、皆悩むのです。

私利、私欲や妬み、憎しみなどに囚われない心を「幸せを得る心」と言えます。愛情のこもった、他を生かす利他心や公徳心によって為された働きであれば、本当の喜びをかみしめることに繋がるのではないでしょうか。

日々、煩悩を反省し、毎日新たに、物事の本質や世の中の正義に沿った行動、あるいは、大自然の命とも言えるお互いの命を、生かし合う働きをすることが、自然の道理に適う人生と言えます。そうした人生の歩みによって、本当の喜びと安らぎを味わうことができるのではないでしょうか。素直に、自らの置かれた現実をありのままに受け止めることが、精進することにも繋がります。自分を活かすこととは、相手を生かすこと。問題は、それが充分か不充分かということです。有意義な、価値ある人生であったと自分自身で納得できるかどうかなのです。つまり、一生を通じて、日々の精進を怠らず、特技や才能、個性を磨くことです。そして、その持てるすべてを使って、世のため、人のために、善行を施すことなのです。

生と死は、宇宙大自然の法則そのものです。

大自然の営みを超えて生や死はありません。宇宙大自然から観れば、死は同時に生でもあります。一方の死をもって他が生かされているのです。人間も同じ。宇宙では、すべてが繋がっているのです。だから、他人も、大自然に生かされているし、自身も同じく、周りの人々や宇宙のエネルギーによって、生かされているのです。

その運命を生かすには、大自然の道理を心として、自分以外の人を生かすこと、喜ばすこと、それが、人の道なのです。

また、物も最後まで大切に使うことが、その物を生かすことになります。その物には多くの命が注がれているので、その命を生かすことにも繋がります。

大自然そのものが生命体なのです。

従って、その意思は、大自然が持っていて、人間やその他の生物にはありません。否、持ってはいますが、その個々の生物の意思も、大自然そのものの意思ということです。

人は、世の大義に向かって自らの信じるところを日々努力するのみです。

大自然の意思とは、法則（道理）のこと。互いの生物間の意思も、大自然の法則に合致しているか、外れているか、それこそ、大自然の意思に任せるしかありません。

人間は、喜びや楽しみの心と、哀しみや苦しみの心の両面を持ちますが、前者に集中努力することで、一方の心を打ち消し、消し去ることができます。

嫉妬心、憎悪、怒りや不平不満などの苦しみは、捨てることができれば良いのですが、それができなくても否定しようとせず、自分の夢や目標に専念し、それを実行することで、苦痛な心やストレスは陰に隠れて、前向きな心に入れ替わる形となり、自分なりに満足のいく豊かで価値ある人生となっていくのではないでしょうか。

人間の心は、幸いに両方を同時に働かすことはできません。いろいろな関係においてもそうです。

愛情を注ぐこと、抱くことは、この世に対する最大の施しです。

過去の人生は取り戻せません。

DREAM
ストレス
苦痛

過去を反省し、捨てるか横に置くのです。また、未来のことは分からないので、根拠のないことや、仕方のないこと、どうにもならないことなどの不安は考えないようにすることです。

そのためには、夢と目標、大志、信念に向かって集中し、今が常にスタートとして、今日を精一杯生きるしかないのです。

反省ができる人は、信ずるところの社会的正義（道理）に対して、人生の目標や生き方を持っている人です。

我欲を、他を生かす欲に変えれば良い

欲を活かす

もともと、人間も他の生物も、自分の意志で生まれたわけではありません。天の営みで生まれたものなのです。

他の生物と同じく、一生命体でしかありません。だから、その道理に反して、欲を掻くことは、そもそも間違っているのです。否、間違っていることではなく、生きるための欲として与えたのも、天の道理なのです。

それで、そのことで、苦しい思いをするのであれば、それもまた、道理なのです。

自分の意思の驕りや思い込みで、ただただ思うようにならないと思うことは、欲を掻いていることになるのです。

逆に、大宇宙の道理に生かされていることに気づけば、生き方が変わり、豊かな人生となるでしょう。

辛いことや苦しいことの根源は、我欲にあります。

その欲を、他を生かす欲に変えれば良いのです。


我欲と利他は、裏表の関係であり、他を生かすことで自分も生かされます。心の持ちようです。

その意味するところは、どの生物も、そして人間も、生かされているので、お互いに自分を磨き、世の中のために、施しをするということです。お互いを生かし合うことです。

大宇宙の道理に従って生かされているから、それだけ、世の中や大自然を生かす必要があることになります。

どんな生き方や考え方をしても、大自然がその答えを出します。

人は自分を活かすために、生かされているのです。

大自然の因果を知りましょう。

相関関係の作用反作用の大きさに比例するのが、大自然の答えです。

愛情とは——大自然の愛から生まれ、大自然へ愛を注ぎ、また、逆に愛を受けて大自然へ戻ります。つまり、大自然の営みそのものが愛情です。

精進とは——大自然への愛のこもった貢献をするための研鑽、その努力を言います。

実行とは——自らの能力のすべてを尽くし、思いやりと、愛情の裏付けをもって行為を与えることです。

天道《てんとう》真理とは——世のため、人のため、誠を尽くすことです。また、質素倹約にて、思いやりの行動を為すことになります。

志は高く、生活は節度を持ちましょう。
足るを知り、ほどほどを自覚しましょう。

天道とは立天（大自然が成立すること）のことです。
常時、立天のために、天道が働いています。動物としての人間も、その天道の軌道に合わせて、行動の原因と結果を繰り返し、生かし生かされているのです。
ある時、または、ある期間に、人間の実感する結果が、不都合なことになれば、その原因を修正せざるを得ません。生物に与えられた立命（生命、生活の維持）が、そのような動きをさせるのです。その不都合を如何に受け止めるかによって、新たな結果が生じるでしょう。

つまり、大自然の道理は、バランスを保つ働きとも言えます。それは、瞬間瞬間のことであり、常時、変化変動しています。

問題は、人間側が原因を起こすことによる自業自得と言えるものが、どの程度あるのかないのか、他の生物への影響も含めて、よく分からないということです。ただ、常に、相互相関裏表、何らかの関係からは、逃れられません。なぜなら、そもそも天から与えられた命だからです。

地球上の生物、一命一役同球生

大自然、人類、他の生物

太陽、月、地球、その他の惑星、衛星を含む全宇宙の営みの中で、地球上の生物は、一命一役同球生。その自然の恵みを共通に受けて、人間と他の動物、人間と植物、動物と鳥、鳥と魚、植物と昆虫などなどお互いに生存のための資源獲得競争、闘争を繰り返し、そして、生かし生かされ合っています。

人間が生存のために、自然を支配し、所有しようとする欲が、いずれ人間同士の資源獲得競争となり、あるいは、闘争となります。その自然への働きかけで、自然破壊を伴いつつ、種の絶滅を招いたり、一部他の生物から人間への逆襲を受けたり、環境異変による生態系全体に対する不都合が起こるのです。

人間以外の生物の間では、必要最小限の競争が展開されて、バランス良く立天の道理として循環しているはずです。そこに、人間が過度に参加することによって、混乱が発生するのです。

このことは、あくまでも、人間側の問題です。

人間は、自らも自然の動物であることも分かっています。しかし、多くの人間は、そのことを普段は忘れているのです。それも天意の為せる業であって、人間としての道理であり、良い悪い、正誤の話ではありません。

大宇宙を構成する、全生命体、全物質がお互いに関与、影響し合いながら、将来に向かって瞬時たりとも停まることなく、常に変動しています。何かにとっての好都合は、それが一方の、あるいは、その他あらゆる相関の不都合も生じ、そのすべての関係の姿が、即ち、立天の道理ということであります。常に、立天の動きなのです。

全宇宙のすべての物質、要素が同時に、であります。

そこで、このような営みに仕組まれている人類自身の問題としては、如何なる対応を迫られることになるのであろうかということです。人間同士、その欲望の満たし方が、常に問われているわけです。我々人類は、道理の当事者の一員として、日々の生活、そして時代の生活スタイルのあり方を、いつも、天から求められていることになるのです。

例えば、具体的に挙げれば、日本における、少子高齢人口減少社会の現実が、その道理なのです。詳しくは、別の機会に譲るとして、大雑把な内容としては次の通りです。

戦後の日本は焼け野原となった都会に闇市を開き、物のない時代に復興を目指し、国民一丸となって生活向上を図りました。希望の灯が心に点ったのです。そこで、国民に安心感が広がり、それからは、その時々の欲望の満たし方が展開されました。物のない時代に需要は旺盛となり、それに応える生産技術が発達し、経済規模の拡大となります。

さてそこで、ポイントとなるのが物価の上昇です。人々は、物価と収入とを観計りながら、生活の成り立ち（立命）具合を考えます。物価や生活費の上昇は、将来生活の不安材料となり、多くは命の誕生をセーブせざるを得ないと考えます。これぞ真に道理なのです。これはすでに、物価が上がり始めた頃から同時に発生した流れと思われます。

また、逆に物価が下がり続けてもいけません。しかし、如何なる状況であっても、いつも、命がより良く成り立つ（立命）ように、積極的な活動と同時に、現状の確保とのバランスを模索しながら、人間動物は暮らすものです。

いざという時の助け合い、日頃の付き合い

マンション・アパートなど
集合住宅でも心は同じ

旬を説き、旬へ誘導する能力を身につけよう

大自然の法則の旬

旬は、大自然が決めるものです。人間社会を動かすのが時代の変革時の旬です。節目を悟って、できるだけ平穏な暮らしが、引き続き成り立つように、その都度、そのうねりが教えます。

そこで、旬を察知する能力を身につけ、旬を見抜く洞察力や判断力を磨くこと、そして、大自然の道理を学ぶこと、大自然の道理に気づくことによって、道理に適った生き方ができるし、その生き方こそが人生の道と言えるかもしれません。

人それぞれ、天から与えられた命、個性をもって生かされています。本当の生き方とか正しい生き方というものは、本来存在しません。人の生き方や、人間社会の制度や仕組みは、人々が決めること

です。しかし、実は、その人間は大自然の道理によって動かされているのです。その動かされている動きが収斂《しゅうれん》してくる時、あるいは結実する時が、道理に適った動きの旬です。その旬を一つの時代の変わり目としましょう。人間社会の旬を読み、旬を説き、旬へ誘導する能力を身につけられれば、素晴らしい有意義な人生となるでしょう。

社会の構成員の多くが、その時代の変わり目を、肌で感じることができれば、政策の段取りがスムーズに運び、支障少なく生かし合いができやすいのではないかと思われます。

戦後、日本の姿、表の便利、快適、効率の個人物欲優先ストレス時代から、そして裏は、景気優先財政借金時代から、もはや、表は地域力による安心の自給自足、自立共立共生時代へ。またその裏は、財政借金公平負担時代へ。

人口減
このままでOK
？
大量生産
大量消費
少子高齢化
戦後
昭和40年頃から
平成

生かし合いの不都合が際立ってからでは、混乱を招き、生活の安全安心が損なわれ、社会の秩序安定が失われる恐れがあるかもしれません。果たして、これからの日本の社会は、如何《いかが》なものでありましょうか。

ありのまま受け容れ
努力、精進し、他を生かす

大自然が生み、与えた命

あらゆる個々の生命体が生かされている理由は、大自然にとって、必要だからです。

大宇宙の道理によって、必要なように役割分担をして、それぞれの生命体を生かしています。

だから人間は、ありのままの現実を受け容れ、認めることが、その生命にとって大事なことになります。

自分の命を素直に認め肯定することは、その持てる生命の能力を活かすことに繋がります。

自分自身のありのままの姿を受け容れ、その上で努力、精進し、他を生かすこと、それが、天から与えられた使命ではないでしょうか。

価値観、観方、考え方が人間の個性となる

天が与えた人間の本能と個性

他の生物と違い、人間は、支配欲や名誉欲などを持っています。とは言っても、他の動物の世界にも似たような本能と個性が備わっているかもしれませんが。

人間が持つその欲の特徴は、際限がありません。従って、食糧、エネルギーを中心とした資源獲得競争をし、そして闘争、戦争へと発展しかねない戦いを繰り返しています。現に、戦争をしてきました。結果がどうであれ、すべて天の解答であって、立天の道理なのです。

日々の生活が、その道理に反していれば、人間は精神的、肉体的変調をきたすでしょう。

いろいろな欲を備えて生かされているなら、それこそ、どんな小さなことでも、家族を喜ばし、いくらかでも、人々を喜ばすことができれば充分ではないでしょうか。

社会に少しでも役立つ欲を持って、自分の与えられた能力や個性を発揮するための精進を続ける認識こそ、必要なのではないでしょうか。

世の中、人間社会の不祥事、地球環境の不都合は、人間自身の仕業の結果であって、立天の道理が働いて調和を図っている証拠です。

天から与えられた命、本能、個性は、活かすも殺すも、その使い方次第なのです。

我欲
愛情

我欲ではなく利他他欲、他を生かす努力が大事なのです。欲の質量は、一つの生命ごとにそれぞれ違うとしても、欲の源泉は一生命に一つしかありません。が、その種類には、いろいろなものがあります。

その命のどんな欲であっても、表の欲を使うか、裏の欲を使うかが問題となります。生き方の価値観、観方、考え方でその生命の違いが出るのです。これが人間の個性というものでしょう。

いずれにしても、何もかも含めて、天意であり天命なのです。それぞれ、個々の生物の個性も天からの命であり、個性と個性の相関関係も、天命としての道理なのです。

そのまま、ありのままで、すべての物質、要素、そして、すべての如何なる性質の生命も、常に、天命（相関関係）に始まり、即同時に、天命（相関関係）に結するのです。

幸福感、充実感は
心の使い方次第

ストレスの原因

結論的に言えば、天が与えた、生命力、生きる欲がストレスの原因です。

それは、個々人によっていくらかずつ違います。けれども、逆に言えば、理想であり、努力であり、良く生きたいという願望であり、期待であるのです。生物として、人間として、ごく自然な、共通な欲望です。

自分自身としての、生き方、考え方によって、思い通りにならないことが、ストレスとなり、不満となるのです。

欲望を満たそうとする生き方そのこと、そのものは、本来自然なことなのに、そのストレスなどは、それこそ欲が深いのか、努力精進、研鑽が足りないのか、それとも、理想が高すぎるのか、周囲に対する期待が大きすぎるのか、というような原因から起こるのではないでしょうか。

自身の努力の程度は別にして、その、自分の思い描く姿（自分自身の姿、あるいは、周囲の社会や環境に対する姿）と現状とのギャップによって、不満やストレスの大きさが決まるのです。

つまり、自分自身の心の問題であって、周囲への影響度や反応、あるいは社会環境に対して、自身の置かれた状況から観た場合などの、その受け止め方によるのです。

努力をしているつもりでも、期待や理想が高すぎるのか、あるいは、そもそも、問題意識が違っていることに気づかないのかなのです。

自分に対する甘えや嫉妬心によるところの欲の持ち方に起因しま

す。

自分の心は一つです。その心の向け方を変えれば、それなりの変化となるでしょう。

幸福感、充実感は、自身の心の使い方次第です。

互いに他から与えられた命と思って、そのために他を生かすことに専念できれば、豊かで、有意義な生き方となるはずです。

他の影響があってこそ
自らの存在が可能となる

生き方の目覚め

物事を知るということと、生き方、道理が分かることとは、全く別の意味です。

大前提が分かれば、観方が変わるかもしれません。では、その大前提とは何でしょうか。

この宇宙大自然の成り立ちは、お互いさまということにあります。太陽が存在して、水星、金星、地球、火星、木星、土星、そして、その他無数の星、また、それらの間の大気、また、地球にとっての月、月にとっての地球など、直接的相手、あるいは、その他の影響があってこそ、自らの存在が可能となるのです。

だから、片方の存在の変化に比例して、他方も変わらざるを得ないのです。

これは、気がつくとか気がつかないとかではなく、現実は、表裏一体の現象です。

この現象を、大宇宙が成り立つ、相関関係と言うのです。

そして、この現象は、同じ大宇宙を構成する地球という星も、その地球上の人間を含むあらゆる生物も、何らかの相関関係に組み込まれている以上、影響が及びます。

天の仕組みとの関わりは、自分からは、切断できないのです。なぜなら、人間も天の仕組みが生んだ命であり、天の仕組みから与えられた命だからです。

ここで、具体的に、関わり方の実態を挙げてみましょう。ある夫婦の関係の場合。夫婦になる前は、それぞれの生まれた状況、育った場所、家庭環境、そして、その性格、個性など、まして、男と女という基本的違いがあってのカップル誕生のはずです。

さて、この場合、夫婦円満と、離婚のケースとでは何が違うのでしょうか。まずは、天が与えた動物としてのオスとメス、あとは、性格、欲、感情が絡んだその組み合わせの相対関係ということになります。似た者同士が良かったり、違うところがかえって良かったり、さまざまです。夫の存在があっての妻であり、妻がいての夫なのです。この関係を、どのように受け止め、肯定するか、否定するか、他の家族や社会との関わりもあります。

如何なる形にしても、いろいろな相関関係の中でしか生きられません。何かのきっかけで、変化が起これば、他方にもその変化が伝わります。すべての存在が、互いの繋がりと関わりによって成り立っているからです。裏を返せば、相関関係による一方の成立のために、他方が犠牲になることも、これまた、相関関係なのです。まさに、食物連鎖がその通りではないでしょうか。このように、ありとあらゆる無数の関わり方が、大宇宙の法則であり、道理なのです。

人を喜ばす心にこそ
幸福感が宿っている

人生って

子供の頃は特別な欲はありません。食事は与えてもらえるし、遊びは楽しいものです。ところが、何らかの競争意識、相対比較の意識が芽生えてくると、つまり、欲が出てくると、ストレスを感じるようになります。

自分の考えや思いと、その反動として、周囲からの圧力とのズレを感じて、受け止め難くなるか、それとも、一応受け止めることができるか、いずれにしても何らかの精神的苦悩が発生します。

生物として、動物として、人間として、ごく普通の欲です。

その欲、あるいは意志でもって、生命の限り、日々生活ができれば、この上ない喜びを味わえるかもしれませんが、多くは、思い通りにならないようです。

人間が生きていること自体は、何を望んで生きているのでしょうか。毎日、何を求め、何を望んで何を訴えたいのでしょうか。

生物として持っている食欲、性欲、睡眠欲、さらには、それらに伴う支配欲、顕示欲、名誉欲などが人間には備わっています。

そこでよく勘違いするのですが、そうした欲のために、夢や理想を抱き、追い求めがちとなるのです。もちろん追い求めること自体は素晴らしいことです。

ところが、その心は、自分が自分のために、何の裏付けもなく描いている絵にすぎません。それなりの努力はするでしょう。しかしながら、順調にいかなかったら、不平や不満が心を占めてくるのです。

なぜでしょう。この場合、そもそもの心の持ち方に誤りがあるからです。焦りやもがきにもなるのです。

同じ努力や精進、研究、労働をするにしても、何か物足りなく思い、満足しない。喜びを感じないなど充実感・幸福感を得にくいのです。

そこで、ちょっと、視点を反対側に変えてみましょう。自分が描く夢や目標、希望とは、どういう姿なのか。その真実は何なのか。まず、自分自身に問うことです。

自分自身がそう願うだけなのか、自分自身がそのようになりたい羨望なのか。

ありたい、成りたいではなく、何を為すかどうするかです。何のために、誰のために、です。

関係する周りの人々をただただ喜ばそうとする心にこそ、自分の幸福感が宿っているのです。

人を喜ばすこと、人の役に立つことに、自分の能力の最大限を発揮することこそが、人生の目標であって、ただ夢を描くことではありません。素晴らしい意思とは、人を喜ばす心です。一人一人、その人を喜ばせたいという強い思いを指して、それを本当の夢と言うのです。

心の持ち方、考え方で幸せにも不平不満にもなる

欲を持て

「欲を持て」と言います。「欲を掻くな」とも言います。どっちが本当のことでしょうか。どちらにしても、もともと、天から与えられたものです。それに、何に対する欲のことか、なかなか難しいところがあります。他人から言われて、素直に聞けるでしょうか。大きなお世話だと反発するでしょうか。何か、そのへんに、事の別れ道がありそうです。人生、日々学習です。幸せで有意義な人生を……と思えばこそ苦しみもあります。苦しむこともまた、人生です。それを、「意味のあることだ」、また「それこそいい人生だ」と前向きに捉えることができるか、そうではないかにかかっています。

どんな欲であれ、心の持ち方、考え方で、幸せにもなり、不平不

満にもなり、自らの心を鏡に映して、じっくり観察するのも良いでしょう。あらゆる生物においても然り。お互いが関係し合って、お互いなのです。いろいろな相関関係で成り立っているので、いい接点を見つけ続けたいものです。

大自然の道理によって
命を継いでいる

気づいても気づかなくても

今生きていることは、生かされていることにほかなりません。

では、誰によって、あるいは、どのようなことで生かされているのでしょうか。そもそも、親から生まれました。一人では生まれてくることはできません。これが決定的に生かされた事実なのです。それぞれの親も同様に、そのまた親から生まれています。

このように、先祖を遡っていけば、宇宙大自然の愛情によって生かされたとしか言いようがないのではありませんか。

これが大自然の道理なのです。この不思議な無限の関係によって、生物は生かされ、命を継いでいるのです。

特別何かを考えることもなく、当たり前とも、あるいはそうではないとも、深く思い浮かぶこともなく、淡々と、その日を生きることも大変素晴らしいことだと思います。

ただ、何かに行き詰まったり、思うようにならない事態が発生したり、さらにそれが、大なり小なり、日々の生活に関係してくることが多くなった場合、何かに気づき始めることになるのではないでしょうか。

生物の本能としての欲、人間としての意思を邪魔するものや出来事が出没することになります。何か壁になるものが現れないと、得てして生かされている関係には気づかないものなのです。

その一番気づきにくい関係こそ大事な関係と言えます。

これが大自然の道理なのです。

大自然の恵みを得ることで
生命がある

因縁と今を生きる

大自然と人間集団の関わりの中では、その関係そのものが大事になります。

単純に言えば、有意義な生き方とは、相手を尊重し、喜ばし、感動を与え、楽しませることではないでしょうか。

相手やその他関係する、ありとあらゆる大自然の恵みを得ていることで生命があり、つまり、その与えられた自らの生命の欲を他からそれなりに満たしてもらっているからこそ生きていられるのです。

それに気づけば、何かが変わります。普段は、誰しも大体、自らの能力や働き具合のことは頭にはありません。それに対し、欲や理想、他への期待や信頼、羨望など、意識無意識は別として、いわゆる甘えが大きければ大きいほど、苦しみ、悩むものです。ふとその時そこで、試練を受け止め、今生きていることとはどういうことかを、考え抜くことができればしめたもの。辛い時に、誰かに助けてもらった経験などで、その時の辛さが辛いほど、生かされているのだと気づくはずです。

自分の都合をよく主張したがる、ただの不平不満ならば、生かされていることの有り難さには気づかないものでしょう。

これは、努力精進の足りない人や我欲の深い人に、よくはびこる心の病と言えます。逆に、夢や目標がかえって、焦りやストレスとなることもあるでしょう。

とは言え、夢を描くことは悪いことではありません。むしろ良いことですが、そのこと自体に囚われると、日々の行動が相手に充分届きません。相手のハートを動かすことにはなりにくいのです。

自我を捨てるのはなかなか難しいことです。であるならばこそ、あえてそのことに拘らず、ただ周囲の人々を喜ばすことに専念することができれば、それこそが、自我をなくすことになるのではないでしょうか。

また、過去は、いずれにしても済んだこと。良くも悪くも終わったこと。どうにもならないことなのです。

だから、囚われないことです。囚われると今がおろそかになります。今は、反省と再精進をしましょう、未来に向かって。

とは承知しつつも、未来は、予定通り、予想通りにはなりません。計画だけでは何にもならないのです。

実際に生きるのはこれから、今です。あくまでも明日は生きる予定にすぎません。

一日一日が人生です。夢や目標は、もちろん大切ですが、それに向かって努力実行することがさらに大事なことです。

足元の日々の生活が生きることになります。今を自分の思いに沿って生きなければ未来はありません。

人事を尽くして
天命を待つ

因果応報は天の道理

大宇宙は、すべてが繋がり、交わり、一定の容量の中で、関係し合って、それぞれが成り立ち、つり合っています。

仁愛至誠通天——これは私の座右の銘でもありますが、自らの働きによる、他人の喜びをもって、自らの幸せを実感するのです。人事を尽くして、天命を待つ、ということです。

前向きな生き方の人ほど
ストレスを抱え込む

悩みは何から発生するのか

人は誰でも、生まれてから死ぬまで、ストレスや悩み苦しみに悩まされるものなのでしょうか。それは、いつ頃発生し、感じるものなのでしょうか。また、継続するものでしょうか、断続的なのでしょうか。

どうも、個々人によって違うように思います。性格、私欲、体力、体質、才能などの生まれつきのものによるためでしょう。その生まれつきのものと、生活環境との関係が原因となるのではないでしょうか。

特に、人間関係がそのほとんどのように思えます。

ただ、性格や考え方で、同じような事象でも、受け止め方が違うはずです。同じような事柄や出来事であっても、人によって、苦しみや悲しみと思えたり、楽しみや喜びと思えることもあるでしょう。

さて、そのストレスや悩みは、人それぞれに、その中身と程度が違うだけで、生きている限り皆それなりに抱えるものです。

一方、やはりストレスや苦悩を抱え込むタイプはあるようです。それは、他から観れば、どちらかと言えば理想主義、真面目、几帳面、前向きな生き方をする性格の持ち主が多いように思えます。

これは、本来素晴らしいことです。問題は、その行動や考え方に対する反応が、かんばしくなかったり、抵抗が強かったり、思いの丈が伝わらなかったりというような場合です。それらが度重なると、不平不満や悩み、苦痛となり、ストレスとなってくるのです。自分自身の研鑽、努力の範囲においては燃えるものでも、事が対社会的な、あるいは対個人的な関係においては、少なくともストレスを感じることにはなるでしょう。

思い通りにならないことは
当たり前だと気づく

ストレスは消せる？　消える？

人間は、それぞれ個性を与えられて生まれた動物です。他の生物も同様です。さらには、一定の群れをつくって生きるものです。意識するもしないも、一生命として立命できないからです。

そもそも、自分自身の意志で生まれることができないからということもあります。最初から親があっての誕生ですから。

そして、その時点から、意識して感じるか感じないかは別として、ストレスの始まりと言えるのです。時が経つにつれ、持って生まれた性格と周囲の環境との関係において、ストレスの原因となるような問題が次々と発生しては消えることもありますが、消えないまま残り、抱え込む状況になることもあるでしょう。

ともかく、大きく分けて、環境からくる問題の大きさとその内容に起因するのか、それとも、自分自身の受け止め方に問題があるのかということになります。

あくまでも、ストレスを感じるのは、その人自身の心です。

それならば、それを緩和し、取り除く方法として、考え方を変えるか、それとも周囲の環境を努力して克服するかのどちらかではないでしょうか。

努力して解決できるものは、それはそれで努力精進を重ねるにしても、片方では、逆にストレスを感じても問題に取り組まなくてはならないこともあるでしょう。

この場合、ストレスは消せるものかもしれないし、消せるものではないかもしれません。

他方、考え方を変えるのはなかなか難しい問題です。自分自身では、持って生まれた素質によって、さらには、生理的、社会的欲求による意思で思い込みをしている場合には、周りが観えにくいものです。逆に言えば、周りが観えていないから、思い込むことになるのです。固執したり、こだわりすぎたり、囚われすぎたり、執着したり、現実を受け止める素直な心になれなかったり、思い込みにより周りを認めず、自らの我欲を押しつけようとしたり、なかなか、本人自身は気づきにくいものなのです。生きる本能と言うべきかもしれません。従って、思い通りにならないから苦しむことになりま す。そこで、思い通りにならないことが、むしろ当たり前だと気づけるか、それともそうではないかです。

もともと、悩みやストレスを感じないタイプも、多いかもしれません。しかし、悩むことは悪いことではありません。むしろ、悩むことは前向きで、良いことだと思えば良いのです。

これが考え方を変える意味であり、ストレスを消すのではなく、ストレスが自然と消えることに繋がります。むしろ、悩みのない人のことを心の中で「もったいない、残念な人だ」くらいに思いましょう。同じ事柄を反対から、あるいは裏から観てみるのです。どういうことかと言えば、相関関係の対象にあっては、強引に変えようとせず、また、何かと関わりのある相手に対しては、できるだけ人格を尊重し、その意思や考え方を無理に変えさせようとしないということです。

即ち、どうしても、葛藤、軋轢、特に人権や人格の侵害による憎悪などを覚える場合は、むしろ自らが柔軟に観方を変える考え方をして対応し、それに即した行動を起こしてみることも大切ではないかと思います。まともには相手にせず、懐の深さと器の大きさを示す余裕を持つことも必要です。対象への現在の考え方や関わり方とは全く反対の振る舞いをしてみてはどうでしょうか。

その前に、もし悩んだり苦しんだりしたら、まずは信頼のおける人物や、経験豊かな人物に相談することが一番のポイントかもしれません。そのことが、これから先の生活を心豊かにする気づきなのです。素直な心になって気づくしかありません。日々の生活の中で、一時的に体を動かしたり、環境を変える習慣を持つことなどで、気づきやすくなることも多いはずです。本当の悩みで苦しめば、その時の気づきは大きな喜びとなるでしょう。あくまでも、本人自身が気づくまでは、悩みやストレスは消えません。世の中で起こっている、自分の身の上の日常生活での問題は、特別なことは別として、思っているほど大事ではないと思うことも、気持ちの落ち着く一つの考え方だと思います。

自分の
心

自分自身のことは分からないもの

さらに何かに気づく

私利私欲の発想から抜けない、あるいは、そのことに何の疑いも持たない人間は、それなりの天命を待つだけにとどまるでしょう。とは言えそうではなくても、持って生まれた性格や環境で、それぞれに皆、個性を持っています。従って、その個性による生き方の発想・考え方は、その者にとっては、私利私欲に拘らず、基本的に自らのことを疑う余地はありません。その点では、どの生命、個性においても同じだと思います。

簡単に言えば、なかなか、自分自身のことは分からないということです。なぜなら、自身が意図的に自らの命を創ったわけではなく、天から与えられた命であって、その個性で生きているわけであり、そもそも身に覚えがないことなのです。

これこそ、本当の気づきかもしれません。自ら自身の個性創りの申し込みはできません。

では、なぜ、それに気づくのでしょうか。気づいたからといって、何かが変わるのでしょうか。そのことに意味があるのでしょうか。

自分自身のことが、本当は、よく分かっていない、と気づくことが、気づきの本質だとして、その気づかされた背景は、一体どういうことなのでしょうか。

結論的に言えばそれは、人間集団の中で、関わり合って生かされているからこそ、そこで何かを感じ取ることになりはしないかということです。

仮に、この地球上でたった一人で生きているとしたら、何が楽しみで喜びで、また苦しみで悲しみになるでしょうか。そもそも、生きることが難しく、生きたいと思うどころか早く死ぬことをさえ望むでしょう。

つまり、集団があって、その中で、それぞれの個性を持った命があればこそ、お互いに喜び合ったり、楽しみ合ったりできるのです。逆に、トラブルや軋轢が発生したりして、思うようにならないことも次々と起こるのです。

それもこれも、天の意思として天が与えた、それぞれの命の個性は、少しずつ、全部違うということではないでしょうか。

ただ、平等に同じところがあります。それは即ち、考え方や生き方に多少の違いはあっても、誰であっても、できることなら思いのままに幸せに生きたいと願うことであり、これは生物としての本能であります。

それは、自分の生き方としての思いや考えで行動すること、そして、それでもって集団の中でそれなりに生かされたい、集団から認められたいという願いにほかなりません。

ところが、自身が良かれと思って活動することも、集団の中には、それを良しとはせず、むしろ抵抗したいと考える人間も多数います。人はそれぞれ、生き方・考え方・価値観・世界観が違っていてこそ成り立つ集団です。その集団の中に生かされているのです。それを認識できれば、その者にとってそれが気づきであり、その後、何かしらの変化が人生で起こることになると思われます。

感謝の気持ちから
相手や周りが見えてくる

観方を変えて

私欲（囚われ）を消すには、大欲（他人を喜ばそう、人の役に立とう）という意思に発想を入れ替えれば良いのです。

要は、その思いに気づき、目覚めることができるかどうかにかかっています。

その人の役に立とう、世のために生きようと思い至るには、自分の命が、周りの人々や大自然の環境によってのみ成り立ち、また、支えられていることに気づくことが必要です。そのことで感謝の気持ちが湧き、そこでしっかりその気持ちを実感することが大事なのです。そうなればお互いさまという思いになり、結果、相手や周りのことが見えてきます。素直になれます。普段あまり、よく周りが見えていなければ、たとえ、良かれと思って為すことでも、必ずしも、期待されることばかりではなく、周りにとってみれば、押しつけとなることもあり得ます。

ましてや、我欲や思い込みによる作為のものであれば、相手の望みに充分至らず、なかなか認めてもらえないことが自ずと多くなるはずであり、何かにつけて不満として残らざるを得ないでしょう。

でも、そうした場合には、その本人にすれば、特に、疑問に思ったり、苦しみ抜くことまでにはなりにくいと思われます。不平不満が募るだけです。喜びを得る生き方には気づきません。気づかないからいけないとか、気づくように周りがしなければならないとかではありません。いずれにしても、当の与えられた命には、不平不満を抱えたままでもその本人に任せるしかありません。

天が、そのような個性を与えたのです。

多くの人間は、苦しんだり、大変な事態が降りかからなければ、ことさら、何かに気づくこともなく、なかなか変われません。悩まなければ気づきはありません。とは言っても、誰だって、そこそこ順風満帆な暮らしができて、特別な不満や不安もなければ、わざわざ悩み苦しむことはないのも、また道理と言えるのです。

苦悩もある代わりに
楽しいことも多いはず

理想を求めるなら

志に向かって、努力、精進、研鑽、功徳をもって生きようとする意志と情熱は、最も尊重されるべきものです。最も有意義な生き方と言えるのではないでしょうか。

それも、人間集団の多くの人々に役立つことであるならば、なおさらです。

ところが、その過程で、いろいろな分野で、相関関係が発生するので、何かと悩み、苦しみ、ストレスが心を占める状況が現れるのです。思い通りにいかないから、悩み苦しむのであって、もしそれが努力不足によるものならば、努力精進を重ねれば解決することです。

ところが、問題の本質が違う場合は、悩みや苦しみから抜け出せないこともあるでしょう。

集団内の人間関係や日常的なことが原因で、かつ環境を変えることが難しい状況下でよく起こる心理です。

さて、このような状況・環境下にある場合、例えば、夫婦、親子、職場の上司と部下の関係、同僚間の感情、また、住居の近隣関係などは、なかなかやっかいな問題です。

人間は、何らかの集団から抜けては生きられないものであって、地球上の生物である限り仕方がないことです。

繰り返しになりますが、生物は、等しく、生命を与えられています。ただし、個性がそれぞれ違います。本質はそのことにあるのです。

もし、性別以外のほとんど――特技、考え方、趣味、生き方などが同様であるならば、果たして、社会として、人間集団として、成り立つでしょうか。

もし、ほとんどの人間が、同じ仕事ばかりに就いたとした場合、果たしてそのような社会生活は成り立たないし、そのようなことが起こり得ようもないし、それは社会とは言えないでしょう。人間の欲望を満たすには、いろいろな仕事が必要とされるからです。

人間、一人一人違ってこその命なのです。違うから、それぞれが生かし生かされ合う関係で、集団社会として成り立つのです。

それぞれが違った個性を持つ、集団社会が存在すればこその自分の命です。このことをしっかり認識できれば、未来に向かって、明るい人生が開けるでしょう。

集団という人間関係から離れられず、苦悩もある代わりに、楽しいことも多いはずです。このことに気づけば、少しは、違った生き方ができるかもしれません。

一つの状況に対して心が病んでいるならば、ちょっと視点を変えて、観方・考え方を変えたら、気持ちが楽になり現状を受け容れることができるかもしれません。

あるいは、何か他にできる対応策があるかもしれません。自分の知恵と努力で何かできるかもしれません。それでも限界と判断するなら、第三者への相談も有効です。

とにもかくにも、人と人との関係があればこその生命であることに気づきたいものです。悩むということは、生きている証拠です。死んだら、悩むことができません。一方、生きていれば、楽しいこともあるはずです。

誰でもそれなりに、悩みやストレス、不満を抱えて生きています。

集団社会は、どこまでも生かし生かされ合いの関係で、それなりの苦楽があってこその人生だと考えることが大事です。

自然に沿って
生命力が活きる生き方

個人と集団の間で

人間には、知識、知恵、感情、意志、意識など、心を支配する欲望が備わっています。そして、その命が、個々に違っていることを認識するのは非常に大切なことです。

この個性の違いに気づき、それぞれ違った人間が集団を形成していることが分かれば、何かが見えてくるはずです。

人の命は、自らの意志で分身を思い通りに創ることはできません。それは、突き詰めれば、天の営みによるものだからです。そうであるにも拘らず、ある時期から、自我の目覚めが始まり、我欲が心を支配してきて、周りが見えなくなります。これもまた、天が与えた、命の特徴です。

この自然に備わった我欲、展望は、真に生きる本能でもあります。なぜかそのことによって、思い通りにならない現実にぶつかり、多くの場面で、悩み苦しみが心を占めることにもなります。

この生物としての生きる本能は、すべての生物に与えられた共通のものですが、生き方、考え方やその天性とも言える個性が、それぞれ違っているところに、その要諦があるのです。

生きる本能は皆同じで、その性質が少しずつ違うということです。しかも、そのような前提の上に、さらなる前提が重なります。それは、集団を形成していることです。

各々違う考え方、生き方（個性）をしようとすると、当然ですが何らかの軋轢が生じます。相手や他の生命は、生き方や考え方が同じ部分もあるけれども、もともと違うということに気づかなければ、自分の思い込みや主張が叶わず、思い悩み、苦しむことになるのです。その悩みや苦しみこそ、生きる本能であり、気づきの要因でもあります。

つまり、他は自分とは違う個性だということを自覚しつつも、自らの主張が他者に受け容れられているなら、悩みや苦しみは、恐らく発生しないでしょう。

ところが、自らの訴えや行動が妥当だと相手が認め、受け容れてくれない限り、衝突やストレス、不安などで、心を痛めることになるのです。

なぜなら、相手（他）も、良く生きようとする本能を持った生き物だからです。

つまり、相手を変えようとして努力しても、相手には相手の考え方、生き方があるのです。相手が変わらなければ、自らが観方や生き方や考え方を変えるしかありません。何か自分の側に、足りないものや行動の方法、手段の間違いなどで、奏功しない訳の努力不足があるかもしれないと、まずは気づくことです。

悩まなければ気づきません。生きる本能は、生物共通の天命です。ただ、人間の場合、第一に欲望という心の問題において、一つ一つの命ごとで、考え方や生き方が違っています。第二にその違った個性が集団を形成しなければなりません。この二つの条件は、天から与えられたものだとしっかり認識できれば、生き方に対する観方が変わってくるのではないでしょうか。

問題は、自我に伴う欲、これをどのように殺《そ》ぎ落とせるかなのです。殺《そ》ぐことが不可能ならば観方を変えて、それを抱え、しまい込めるかです。

ところが、この欲望も個性として、天が与えたものです。だから、消そうとしても、かえってそれに囚われすぎて、内面へ思考が向いてしまう恐れがあります。そうなったら、生命力が落ちることになるでしょう。

やはり、自然に逆らうことには限界があります。

それでは、その欲を満たすためにはどうするかと考えてみることが大事なのではないでしょうか。心の満足を得る方法、手段は何であるかということを考えましょう。

自然に沿って生命力が活きる生き方として、何を為せば満足できるでしょうか。

それこそ、与えられた生命の個性を発揮して、どう生きるかにかかっているのです。そのような観方に立って、与えられた個性、特徴を信じ、自らの生命を磨くことではないでしょうか。

第二章
人権と気づき

天から与えられた生命力を互いに活かし合う

人権とは

そもそも、人権とは何でしょうか。どう捉え、どのように理解すればいいのでしょう。

人権とは人の権利ですが、二人以上の集団で起こる意味なのでしょうか、それとも、一人の人間だけが住む場所でも考えられることなのでしょうか。仮に、他に誰もいない、ただ一人の人間が住む地域、場所で、鳥や魚、牛、馬、狐、犬、猫、などと生きる環境において、人権という発想が起こり得るでしょうか。

親から与えられた命といえども、その親が亡くなり、人間という動物が一人と他の動物や植物、昆虫などの生物と共生する状態を描いてみてください。そこに人権は存在するでしょうか。

明らかに、人間一人で苦悩はあるでしょうが、思い通りに生きられるはずです。

他に人間はいないのですから、邪魔する者はなく、自らの意のままに身の安全を図りながら、生きられます。

現実に、長期に亘って生きられるとは考えられませんが、他人の抵抗や反対は一切ないので、その点では何のストレスも不都合も不具合はありません。

しかし一方、楽しいこともないでしょう。喜びや感動することも恐らくないでしょう。

さて、そのような非現実的な状況を想像した上で、人権のことを考えたら観えてくるのではないでしょうか。

つまり、あくまでも、人権とは人間社会集団の中で生じるものです。本来ならそれぞれ思い通りに生きたいものの、一人一人個性が違うため、意見や主張が個々人それぞれに多少違います。事柄によっては、正反対と思うこともあります。そのため、そこに何らかの軋轢が生じるのです。

人権については、命そのものであり、お互いのために、そのストレスや軋轢、衝突、争いなど、いわゆる人と人との生きる欲望に対するその障害を柔らかくしたい、できれば払拭したい思いが芽生えて、集団を構成する個々人がそれを意識することで問題提起されることになります。

究極のところ人権とは、他方の立命存在があってこそ、我が命も存することを認識できて、さらにはその関係を実感することまでできるかどうかということではないでしょうか。とは言うものの、やはり、日常生活ではなかなか難しいことです。ついつい、自分の欲望で相手を観てしまう傾向は否めません。だからこそ人権が必要なのです。だから学ぶのです。

悩み、苦しみ、何かを実感し、主張し、訴え、時には争いながら、そしてその生物、動物として天から与えられた生命力を、互いに活かし合う社会集団であり続けることは、人類の永遠のテーマでしょう。社会集団として知恵を出し合い、コミュニケーションを充分に図りながら生きるしかありません。

常に、互いに共通する欲望が原因となって、集団での問題が大きくなることがあり得ます。

どうすれば良いのでしょうか。力量のある者が説得するなり、理解させるなり、あるいは、活かし合う機会を設定するなり、その他の方法や手段で折り合いをつけるしかありません。

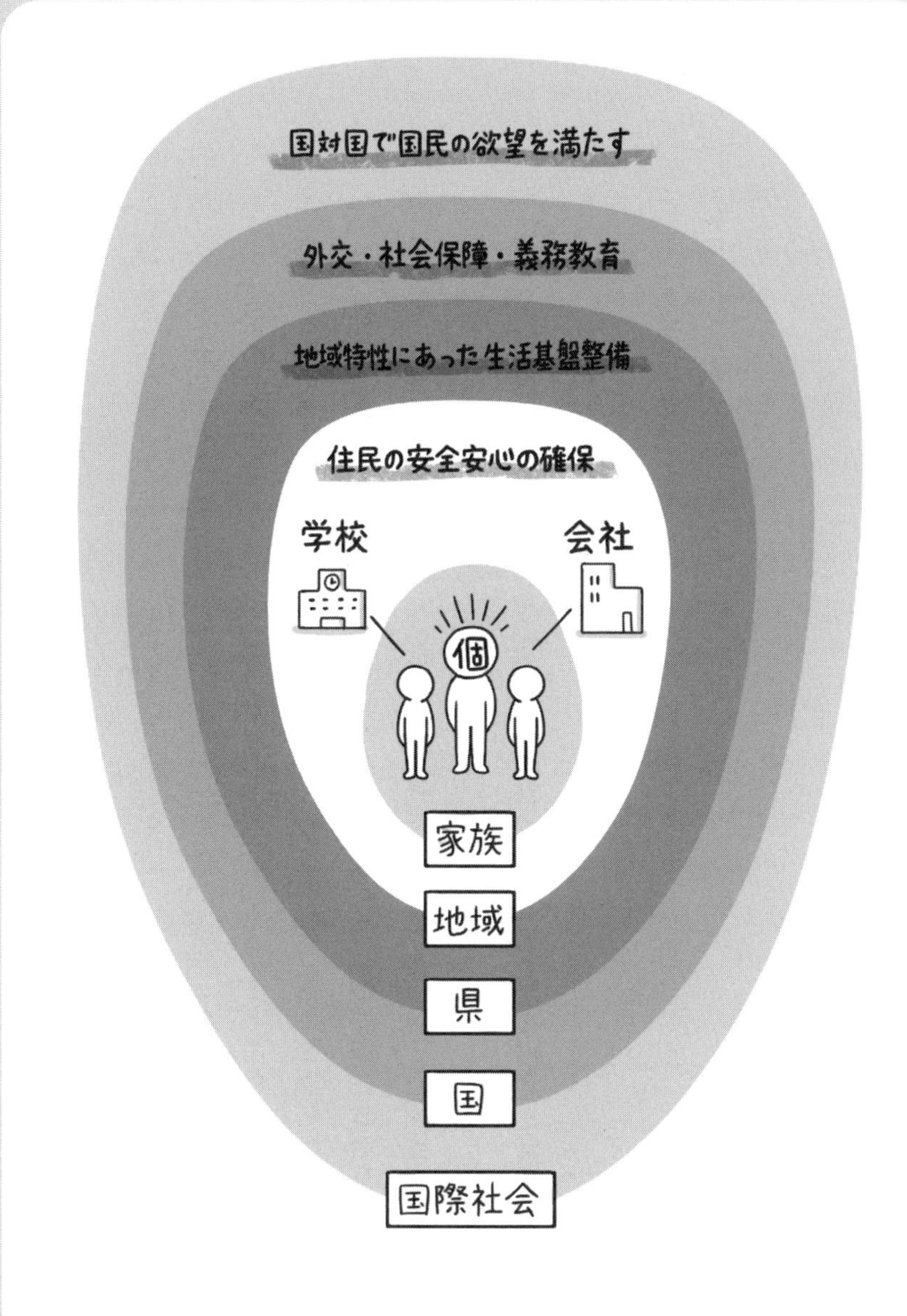
国対国で国民の欲望を満たす
外交・社会保障・義務教育
地域特性にあった生活基盤整備
住民の安全安心の確保
学校
会社
個
家族
地域
県
国
国際社会

子供と大人、老人と青年、男と女、外国との関係、個々人の個性と能力の差、さらに、人格を傷つけるような言動や精神的感情などが絡み、いつも穏やかでいることは難しいものです。一方の便益は他方の犠牲、一方の快楽は他方の苦悩となります。このような、生きる上での前提を認識するために、社会集団、家族関係、国際関係などの重畳的または横の連携や横断的関わり、他、ありとあらゆる人間同士の生き方について学習する機会を多く得ることが極めて大事なことと言えます。

生物としての生き方に、絶対的真理はありません。あくまでも相関関係のみによるものです。

集団生活における
個性の最大尊重

人が生きる権利

人権の直接的意味は、人が生きる権利ということです。そこで忘れてならないことが、社会集団の中での問題であるということですが、生きる権利とは一体どういうことでしょう。単純に、誰しも思いのままに自由に生きたいということではないでしょうか。

自由意志で思いのままに生きる動物として、大自然による基準のない法則で、つまり道理によって、生かされた個性です。全く同じ生命はありません。

思い通りに、思いのままに生きることとは、真に天から与えられてはいますが、その思い通りの意思の中身が個々に違うところに、社会集団における人権を考える背景があります。

どういうことかと言えば、そもそも個人は、集団から生まれた生命であって、それがあまりにも当然なことで、普段の日常生活では、集団そのものを認識することは、ほとんどないと思われます。

ところが、個人の集まりが集団であり、集団には、一定のルール、秩序が必要で、個性の規制を余儀なくされることは避けられません。

集団と個人は一体のものであり、集団が成り立たなければ、個人はないからです。つまり、集団と個人が、裏表合致の関係になると同時に、相反関係となるところに、その根源的本質があるということです。それ故に、互いのため、より良い生かし合いを考える必要があるわけです。

だとすれば、その固有の権利として人権を尊重するためには、せめて、集団の中で、個々人の生き方、考え方、個性を最大限に発揮できる体制づくりこそが最低限の条件となるのではないでしょうか。

そうであるなら、現代日本は民主主義国家であり、その条件は整っていることになります。

そこで改めて、人権とは何か、その人権を誰がどうするのか、どうもしないのか、そして一対一のことか、あるいは集団対集団なのか、それとも、特定の個人と集団なのかということが問題となります。

もう少し明らかにしなければならないようです。

個々人が集団において、天から与えられた命のまま、思い通りに生きる、あるいは生きたいと人権を主張するとします。集団の中にあって、自らの生き方を訴え主張して、集団を動かすことができるのでしょうか。それとも、集団の慣習に合わせざるを得ないのでしょうか。

それは、生きる上での心の叫びが、その集団において、何らかの変化変動を起こすだけの説得力を持つか否かにかかってきます。集団を構成する人々の心に響くものがあれば、動かすことができるでしょう。

天や大自然の法則によって保障または支えられている人権として、個々人の生きるための訴えや主張が、原則としてその帰属する集団の過半数を占めれば、そのことをもって、より大自然の法則に適うものという解釈になります。その結果、その都度、それまでの集団のルール慣習を変更せざるを得なくなるのです。

大自然の法則道理に基づく、人権によって合意された約束やルールがその時々の正義とされるのです。

従って、その天の法則に適うような生き方をする義務があります。

そして、その義務を果たすための別の訴えや主張、または次の新しいルールづくりの主張も、また人権なのです。

この大宇宙自然に絶対というものは存在しないはずです。だから、ある特定の個人の、集団における主張や訴えは、個々の生命として本来は対等な立場での主張であり、訴えです。ある特定の分野、特定の地域、特定の集団など、自らの置かれた立場が多様かつ複雑に絡み合いながら、それぞれの構成員が自由意志を貫こうとすることは、ごく自然な動物の生き方と言えるでしょう。

真にこれこそが人権ではないでしょうか。だとすれば、構成員全員の主張や訴えの一致は、果たして可能なのでしょうか。

当然ながら、人間が多ければ多いほど、その可能性は低くなります。生き方、考え方には、一人一人微妙に違いがあります。従ってその利害や背景、立場、人格、力量、性格などの違いを前提として折り合いを求めるしかありません。

問題は、その相関関係の折り合いのつけ方です。

暴力、闘争に進むのか、それとも協議、話し合いで決着がつくのでしょうか。いずれにしても、日々瞬時に変化変動の連続するこの大宇宙、大自然の中での人間生活の一コマを積み重ねていくしかありません。

暴力や闘争、戦争に仮に勝っても、相当な精神的なストレス、肉体的損傷、また経済的損失を伴います。敗者も同様であり、そのダメージはさらに大きいものがあります。

それはそうとして、果たして、競争、暴力、闘争を避けられるでしょうか。

平等に与えられた生命。誰でも自然に思いのままに生きることを許された生命。それを生きること、そのことにおいては全く同じですが、その生き方、考え方、性格などは、個々にそれぞれ多少微妙に違うものです。

この動物としての本来の根本的・根源的前提を、しっかり認識して受け容れるしかないのです。

前提となる背景は、人間がこの世を創ったのではないということです。地球も月も、その他の星も、そこに広がる大宇宙も、人間が支配できるものではありません。

支配できるどころか、全くの逆で、この大宇宙自然に組み込まれている存在だということをしっかり自覚できるか否かが大事なのです。そうだと気づけば、あらゆる場面で柔軟に、穏便に、平和に、ほどほどに折り合う手段を見出すことができるでしょう。

集団の構成員のほとんどがそのような対応を理解できれば、誰しもがより価値ある生涯を送ることができると思われます。

とは言いつつも、本能として、生きようとする欲が与えられていることも、また然りです。だから、普段は、その欲を満たそうと、日々考え、行動するのです。自らの欲の都合に合わせて、支配できるものは、できる限り支配したいと欲するのが生物として与えられた性《さが》でもあるのです。

それが程度の差こそあれ、如何なる生命においても本質的なところなのです。

ところが、如何なる生命も、強みと弱みがあり、他を支配できるだけの能力や条件の持ち合わせはありません。

従って、競争と協調を、さらには共同歩調も織り交ぜざるを得ないのです。

ある分野では競争を望み、また、他の分野では、協力支援を求め、あらゆる知恵を使い、欲を満たしつつ生き延びようとするのです。

この競争と協調あるいは共同は、ある集団内においても、集団対集団の関係においても、互いに生きようとする手段・方法の裏表の関係です。

　ここで、少し具体例で考えてみましょう。

　学校、病院、警察署、消防署、公園、原子力発電所、日常生活のゴミ処理、葬祭場、軍事基地、暴力団事務所、環境汚染に繋がる恐れのある施設もすべて、社会集団生活において、時代と共に、人間が生きる上で求めてきたものです。

　集団を構成する個々人の生き方に照らして、ほとんどの人が欲するものと反対するもの、特定の人が賛同するものと反対するもの、賛否が半々になるものなどいろいろあります。

　集団構成員個々人が生活上で何かを求める理由は、これまた、まちまちです。その欲望も、ただ欲しいだけのことであったり、あるいは集団生活において必要性が実感されている故の判断であったりもして、その思慮の過程で心模様が交錯します。

基本的には、可能な限り、好都合な落とし所を探るでしょう。しかし、誰しもが、打算の主張だけをすることによって、結果として望むところに到達できないこともあり得ます。どうしても生活満足度アップのため必要であることならば、その利益、快楽の享受に見合うだけの、負担や犠牲を払うことによって、帳尻を合わせざるを得ないのです。それでも一様に、公平に、それなりの納得や満足は得られるものではありません。それぞれの思惑、人生観などもまちまちだからです。

その上、将来に亘って絶対的と言えるものは何一つありません。それがこの世の仕組みなのです。

人権問題とは、集団生活における、個性の最大尊重ということではないでしょうか。

個性を認め合い生かし合い
一人一人が学び努力する

人権と義務

　誰しも、できるものなら、常に権利だけ、都合の良いことだけを主張して生きたいものです。もし、この世に人間が自分しか生きていない状況なら、それも不可能ではありません。

　しかし、恐らく、快楽や充実感はほとんど得られないことは、容易に想像できます。そこには家族や友達もいないのですから。

　さてここまでの話で、何かの犠牲を払い、努力、精進をして、困難や障害を乗り越えたところに、人が生きる本当の喜び、つまり人権が実感できるものだということが、少し見えてきたのではないでしょうか。

　集団では、人権対人権という構図になるわけですから、お互いに個性を認め合い生かし合えるように、一人一人が学び努力を重ねることに尽きるのではないでしょうか。

換言すれば、自己主張や欲を掻こうとすることは、即人権ではありません。相手の権利を侵害する恐れがあります。主張そのものには、特に何の問題もありません。ただ、その主張を、集団が認め受け容れることになるかどうかです。

実は、自分を活かし、他を生かすことなのです。それこそ自分を活かす権利（人権）であって、これは同時に、他を生かす義務なのです。

天から平等に与えられた相手の固有の権利を、侵害するような自身の人権は、真の人権とは言えません。

例えば、働くことは権利なのか、義務なのか、考えてみましょう。働くこととは、傍《はた》を楽《らく》にすることであり、役立つことです。それでもって、恩恵にあずかることにもなるはずですし、喜びを得られます。これ即ち、権利ではないでしょうか。また、逆に、その働きは、集団員を満足させたことと同義なのです。

集団あっての個人ですから、集団の秩序安定と公共の福祉向上に寄与したことであり、義務を果たしたことと解釈できるのです。

権利と義務は表裏一体です。少なくとも、集団を生かすものでなければその主張は通用しないでしょう。

集団そのもののあり方、また集団の中での個人としての生き方をめぐり、それぞれの権利とそれぞれの義務とが織り交ぜになる中で、折り合いをつけながら、生かし生かされ合う関係を続けるしか方法はないのです。

これが、政治ということにもなります。

思いやりで他を生かせば
自らも生かされる

人権と政治的意味

人権とは、等しく天から与えられた命を、人間集団の中で、できる限り思いのままに生きることです。しかし天に対しては、生物には生きる義務しかありません。

ところが、繰り返しになりますが、集団を構成するそれぞれの命が違うために、生きる上において好都合だったり不都合だったりの事態が常に起こるのです。

つまり、集団において、各々が思い通りに生きたいものの、なかなか意のままにならず、それでも一定の思いを遂げたいと思うものです。これが、生物としての生きる本能であり、個性であり、人間としての権利、つまり人権なのです。

従って、この与えられた、本能、欲望を集団内で満たそうとするならば、その集団を支配しなければなりません。

生物である人間としてはごく自然な姿であって、支配、被支配の関係が、日々日常、展開されています。

人権とは、一人一人の命が、与えられた個性として、その個性の通りに生きる権利であり、善い悪いではなく、また、正しいとか誤りとかのことでもありません。

一人一人違った個性の権利者が集団を構成せざるを得ないために起こるのが、人権問題なのです。本来違う生き方の人間が、バラバラに、自由に行動したいものだから、衝突したり、妨害したり、障壁になったりするのは、当たり前のことです。

この当然すぎることが、有史以来今日まで、また未来へ向かっても起こり続けるのです。

生物である動物としての生きる糧や資源獲得も争いとなります。縄張りを得たにしても、その資源の量と質にも差があり、一様ではありません。自然はあくまで自然の姿であって、動物が生きるには、好都合、不都合のどちらも伴うものです。

水が欲しい。植物が欲しい。肥沃な土地が欲しい。地下資源も欲しい——欲は際限がありません。

だとしたら、人権対人権がぶつかるしかないのです。単純に抵抗すれば、ダメージをお互いに大なり小なり受けざるを得ないのです。

結局、双方にとって、そのことによる不都合を学習することとなります。自らの権利欲を貫徹しようとすることによって、かえって予期せぬ事態を招くことも多いはずです。

なぜなら相手、または、一定の集団があればこそ、自らの生命も成り立つものであって、当然、相手の意思や集団運営上の都合により制約を受けるからです。日頃は、いちいちそのことを意識して行動していません。また、できないかもしれません。しかし、無意識のところで、特に肉親においては、愛情あっての行動が素直にできます。

では、その行動は、他人にはできないのでしょうか。一般的にできにくいようです。なぜなら、生きたいと欲する行動と、身を守る本能とは、同根の生命力に基づくものだからです。どちらも、生きるための攻めと守りで表裏の関係です。家族は守るものであり、そのためには、他へ攻めなければなりません。

そのことは、集団においての他の生命も同じことです。ただ我欲だけの攻めでは、自らの命も危ういものとなります。

思いやりをもって他を生かせば、相応の結果で自らも生かされることになるでしょう。そのことに気づけは、他を生かすことで折り合いをつけ、お互いが生かされ合うことになります。集団を生かさなければ、個の生命はありません。生き方の折り合いをめぐる活動こそ、政治活動そのものと言うことができます。

個々人の生命力が、どれだけ集団を生かし動かす原動力となり得るかが、日常の動物人間の姿です。特定の人間だけを生かすのではなく、集団を生かすことが大事なのです。集団が生かされなければ、その特定の人間も結果として生かされません。

表裏の関係で、個々人は、集団あっての生命です。集団は、大自然の法則道理に適っての人類集団です。個々の生命は、天を信じ、天から学び、そしてその自らの個性を活かし、他を生かし、大自然を生かすよう磨くことが、天から与えられて、命令された役割なのではないでしょうか。

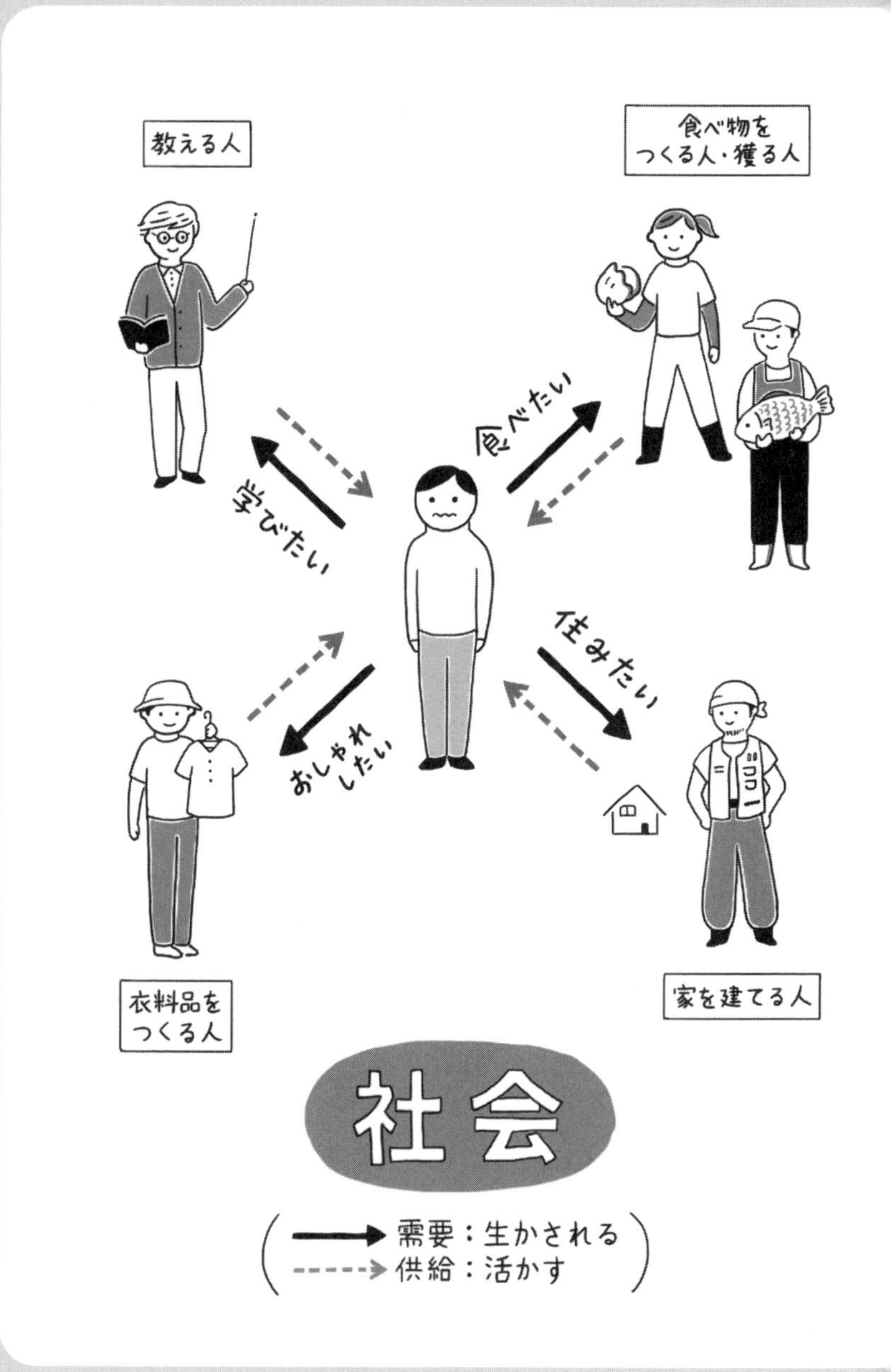
教える人
食べ物を
つくる人・獲る人
学びたい
食べたい
住みたい
おしゃれ
したい
衣料品を
つくる人
家を建てる人
社会
需要：生かされる
供給：活かす

ありのままに受け止め
日々努力し活かす

人間集団社会内での心のコントロール法

その一　まずは、ありのままに受け止める
その二　広く遠くから俯瞰客観する観方を身につける
その三　前向きな（プラス）思考に変える
その四　それなりに認めて受け容れ、向き合う
その五　他を生かす生き甲斐を知る
その六　夢を目標にして、研鑽精進し、天命を待つ
その七　命の限り、思いのまま、今を生きる
その八　今の自分を相関客観し、先の目標に日々努力する
その九　ストレスを受け容れれば成長の芽となる

その十　不安、不満、ストレスは、美しく豊かな人生への入り口、
それを活かすか活かさないかで決まる

第三章
よく生きる

人生の苦楽は
個々の命の受け止め方

苦楽は一体

空気も水も地上のあらゆるすべてが、無限の多様な相関関係で現象となっています。主軸や支柱もなく、主体と客体でもなく全くの対等関係のみであります。生物の本能も含めてすべてが絡み合って、物理的、あるいは化学的な変化変動で、常に瞬間の現象が現れ、同時にその反対現象として、何かが変質吸収消滅している無常の動きが道理です。人間の命も、この道理の為せる営みにほかなりません。だから、その相関の繋がりからは逃げられないのです。命の生も死も天命です。正も誤も、善も悪も本来全く一切ありません。繋がりの関係のみによる命です。

人間社会にあっても、この道理が働いています。如何なる関係でも、主体でも客体でもありません。誰でもが主体性を持っています。だからこそ、ただただ、道理に任せるしかないのです。人生の苦楽は、個々の命の受け止め方であり、生きていく上で避けられないことです。個性を活かし、生き甲斐と楽しみを見つけて、素直にありのままに生きましょう。生かし合い分かち合える誰かがいればこそ、喜びもあり、苦痛もあるのです。すべてを受け容れましょう。

この大自然大宇宙は、すべて相関関係の繋がりで成り立ち、表では成り立たずに陰に隠れるか、吸収されるか、はたまた変質して消えていくものもあります。そもそも初めから成り立たないものもあるはずなのです。いずれにしても、すべてが、立天を支えている原理の姿であって、この大宇宙の大自然には、一切無駄はありません。そうであるならば、瞬間的に成り立っているのは、たまたまであることを強く深く、知りましょう。

太陽も、月も地球も、たまたまあらゆる相関の道理の働きで存在するものです。ましてや生命は、不思議なすべての繋がりの相関関係そのものの存在でしかありません。

生命は地球上だけなのでしょうか、他の惑星や衛星には如何なる生命も存在しないのでしょうか。分かりません。だから、地球上の人間は、その大自然に生かされるままに、ありのままに生きれば、そのことが即ち、道理に適っていることになるのです。

生き甲斐、楽しみ、喜びは
苦悩を知ればこその裏返し

思い込みで苦しまないために（心の運転操作）

慢心があれば、怒り、嫉妬などの感情が湧きます。心が乱れるのです。自己中心的な不平不満もそうです。その裏返しとして、いきり立ち、攻撃的態度となり得ます。また、劣等感や引け目などの思い込みも、自己防衛本能の裏返しとして、攻撃的な態度が現われやすくなるものです。

では、慢心はなくせるのでしょうか。いえ、人間動物の本能として与えられたものでしょう。このことはいわば、人間社会における立命生存競争から引き起こされる自己保身の駆け引きと言えます。従って苦悩がつきまとうのです。

そこで、その苦悩も、この大宇宙自然の繋がりによる道理から生かされたその命のものであって、その繋がりの関係から発するものであることに気づくしかありません。つまり、生きている、生かされている間は、その苦悩を受け容れるしかないのです。道理なのです。

しかし逆に、生き甲斐、楽しみ、喜びもまた、味わうことができます。つまり、これもまた、苦悩を知ればこその裏返しではないでしょうか。他の人間も、生かされているのです。誰もが、生きるように創られているのです。それも、瞬間の道理の賜《たまもの》であって、それぞれ違う性格の生物として生かされているのです。人間として備わっている欲や妬みは、他人に対する慢心や羨望から発するものです。ところが、これは、互いに天の繋がりは避けられず、生かされ合っているため、窮屈なこと辛いことになるのですが、同時に有り難いことにもなるのです。

要は、如何に受け止めるかなのです。他に方法はありません。せめて慢心を、利他のために自分を活かすエネルギーとすれば、その慢心が消え、その分、喜びに変化するでしょう。一つ一つの事柄について身のほどに気づき、その観方、受け止め方次第で心は変わります。個性の強みは強みとして伸ばす努力をし、一方では、身のほどを自覚し、弱みを認めることが、人間社会を生きる人間としてのテーマなのかもしれません。

ここで言う強み弱みは、個性の持ち主が勝手に捉えている特徴であり、他から観れば、自己の思い込みとは逆のことに映ることも多いはずです。つまり、生き方に良いも悪いもないということです。ただ自然に生きれば充分なのです。弱みと思っていることを、特技または個性と思って活かせば、強みになります。強みと思っても活かさなければ惜しいことですし、あるいは事と次第では、かえってその強みが、不都合なことにもなりかねないかもしれません。人生は、捉え方、受け止め方、観方、考え方で、上にも下にも、右でも左でも、前にも後にもなります。いずれにしても表裏一体のことなのです。

さらに、この大宇宙はそもそも有限も無限も分かりません。正も誤も善も悪もありません。何かあるとしたら、ただどこまでも人間社会における人間という動物の心の問題でしょう。

慢心は、心の弱さの裏返しです。弱点だと思い込んでいることにほかならないのです。強み弱みではなく、すべて個性の特徴なのです。その特徴を認めて勇気をもって表に出せば、強みに変わります。強み弱みは考え方です。個性を活かしましょう。それが人間社会に役立ちます。

心に愛のある行動に
失敗はありません

愛のある行動

立天（天の命が成り立つこと、つまり道理）の下の命、他を生かせば己の命も生かされます。これは善悪、正誤ではありません。関わり方です。

人の生き方は、愛と誠と思いやりが込められたものか否かなのです。個性とその活かし方、そして生き方の関わり合いが、人間の集団生活です。個性を活かす努力、精進、それによって磨かれた命こそ、他をより生かす命となります。天の恵みを得て、互いに命をいただき、そして互いに他を生かすのが、生物の生かし合いです。よく鍛えられ、よく磨かれ、よく育てられた命は、より必要とされるものであり、植物であっても動物であってもまた他の命も同じです。

人間も、人々の生活に役立ち、要望に応えて幸せにする働きをもって、自らの命を提供することが、生かし合いと言えるのではないでしょうか。

そもそも、如何なる物質、生命も、単独では、立天の仕組みの上で、存在はあり得ません。関わりが決めるものです。命の働き具合による他との関わり方が、そのままその命の運命の姿となります。すべての営みは道理です。生かし生かされ合いは、天の道理そのものです。すべては循環しているのです。

心に愛のある行動に失敗はありません。明日の喜びが待っているはずです。あらゆる相関の成否と成り行きを天に任せましょう。

その裁決は天の道理です。問題は、その道理を、自らの心が如何に受け容れるかだけです。動物である人間は、集団社会生活での役割分担が仕事です。

誰も見ていないところでごく自然にできるって立派だ。頭が下がるねぇ
どんなことをしているかいつも見ているよ
幸せ小学校

相関により成り立ってこその我が命なのです。愛情が、信頼関係を構築するのです。

辛苦も生きている証と考え
生き方の大きな弾みに

立天による調和

総相関の陰陽の調和をもって立天成天也

天の道理は、すべての構成要素の相関関係で成り立っています。主体、客体、特定の基準など一切ありません。生物においても、全くその通りです。しかも、その関係は、瞬間瞬間で変化、変動しながらすべてが常に繋がっています。表に現れている姿や様子はその相関関係の現象であり、一方、その関係で、隠れ、変質吸収され滅失している部分が裏の姿であり、それらが一体として無常な変化をもたらす働きが道理なのです。

そこで、動物である人間は、あらゆる相関関係の折り合い、生かし合いの研究、精進、努力をしながらその立命の道理を模索し続けることになるでしょう。関わりを絶つことはできません。それどころか、関わりがあるからこその命だと受け止めて、辛苦と思うことも、生きている証と考えれば生き方の大きな弾みになるでしょう。観方、考え方、生き方の中身が相関関係に与える影響は、天に通じ、より望む生き方に近づくに違いありません。瞬間に変動する相関関係は、立天のための条件・法則であり、重ね重ねこれを天の道理と言います。一定の形になっていると見えるものも、実は止まっているわけではなく動きが止まって映る状態であって、バランスがつり合っている証拠でもあります。

無常な瞬間の調和が立天・成天の姿なのです。

生かされていると気づけば気持ちは和らぐ

不安、不満の素

人は、自らの意思（我欲）で、周りの環境や物事を変えることができると思い込むことで、不安や不満の素が生じます。驕りや自信過剰では、事はうまく運びません。責任感とは違います。

天の営みや周囲の人々や環境で生かされていることに気づけば、その不安や不満を受け止めることができます。折り合うことができ、いくらかでも、心の平穏が保たれるのではないでしょうか。気持ちが和らぐのではないでしょうか。もともと、人の命には、そのような意思（我欲）が備えられていますが、他の命にも同様な意思が備えられています。互いに受け止め、受け容れ、折り合うしかないのです。生物の命は、他を生かすためのものであり、また、他から生かされるためのものです。死とは、他（天）を生かすための道理です。生死は全体で相関一体のことなのです。

天には無駄は一切ありません。常にすべてが天なのです。

心があるから苦しみ迷い
人間として生かされている

変化、変動

この大宇宙の営みには、そもそも、絶対はありません。常に変化、変動の状況の下、折り合いを求めながら調和を保っているのです。どこも、どの命も、どの物質も、主導権は持ち得ません。相関のみです。これは、ある仏教の教える他力本願ということでしょうか。この無常な天の営みそのものを他力と表し、それを教えで仏と呼び、その道理に任せる人間の心を本願と表象するのかもしれません。

その教えの本旨は、努力しても解決できないものには囚われず、また、日常の出来事でいちいち抗わず、現実を受け容れましょうという教えではないでしょうか。道理を認めたら、不思議と前向きな心に変われるはずです。それに気づけは、明るい明日が待っています。

人間の不安、苦痛、迷いは、我欲、慢心、正義感、嫉妬心や執着心などが原因です。真面目に生きようとする人ほど、心の悩みを抱え込む傾向が強いと思われます。

納得できるよう手を尽くしても、解決できる見込みがないものは、道理として受け容れるしかありません。

心があるからこそ苦しみ迷うものです。でも、心があるから人間として生かされているのです。表裏一体なのです。その心は、他者、他物との相関関係で変わるものであり、正誤も真偽も善悪も、もともとありません。ありのままに、自らの命を認め、その生かされている現実を受け止め、受け容れることができれば、苦痛、不安から解放されるのです。

UNHAPPY…
受容
HAPPY!

心の用い方次第と
気づけるか気づけないか

心の裏表

日常の人間生活においてのことを捉えてみましょう。いきなりですが、我欲、我執、慢心などが消せるのかどうか、または、いつも安らかな心持ちでいられれかどうかということです。果たしてどうでしょう。

我欲、我執、慢心などは天から与えられた生きるための人間の本能です。それがために、思うようになりません。なぜなら、関係する他の命も同様な本能を持っていて、それが一致する場合もあれば、相反する場合もあって、互いに何らかの抵抗を受けることになるからです。

だとすれば、日常の集団生活において並立か、闘争か、支配被支配か、折り合うか折り合わないか、いずれかの形となるでしょう。

そこで改めて、命とは、そもそも一体全体何なんだと、一度じっくり考えてみてはどうでしょうか。例えば、それは初めから自らの生きる権利なのか、それとも生きる義務と観るべきか、という観方や発想で捉えてみてはいかがでしょう。何かが違って観えてくるのではないでしょうか。

与えられた生命の欲でもって、それが心を支配し、現に生かされていることには気づきにくくなっているように思えます。人間の心は、幸か不幸か、表裏同時に両方を用いることはできません。用い方次第で楽にも苦にもなります。問題はそれに気づけるか気づけないかです。どうも、我欲が強ければ強いほど、成果や結果を追い求め、どうにもならない苦痛や不安、不満が募るものです。これは、欲を満たそうとする権利を前面に用いている状態なのです。周囲は特に変化はなくても、自分自身の慢心、我欲、我執が元で起こる一人単独の心の出来事に他なりません。これも天の都合による天罰の一つと言えるものなのです。

その際に、何かを学んで、今できること、人々を生かすこと、やるべきことに集中することです。そうすることで、苦痛や不安は、自ずと後ろへ隠れてしまいます。これが、生きることを義務と捉えた観方になります。よく勝負事の世界では、無心になることと言われます。

これぞ真に、幸運を呼ぶ鍵となるのではないでしょうか。

周りとの関係があればこその命であり、思い通りにならないことそのものが生かされている証拠ではないかと、自らの心が思えるかどうかなのです。

それが天の営み、仕組みであり、道理であると気づき思えたならば、それからは、生き甲斐と希望に満ちた修行の道のりが始まることになるでしょう。天の道理に、より適う生き方ができるのではないでしょうか。

社会なくして
個人はありません

信天愛命

命を捧げることとは愛すること
命を捧げることとは他を生かすこと
命を捧げることとは役立つこと
命を捧げることとは働くこと
命を捧げることとは個性を活かすこと

自らの死は他の生です。大自然と社会と個人は一体です。社会集団の運営は、個の自由と社会の秩序安定との関わりなので、その目指すところは、社会として成り立つものでなくてはなりません。社会なくして個人はありません。

問題は社会の仕組みです。社会の制度と個の自由との、あるいは総合的見地から、暮らしに及ぼす陰陽の調和を如何に図れば、集団社会がより良く成り立つかを、構成員の一人一人が考えなければなりません。その方法、手段、そして時代を創るビジョンが常に問われます。

余裕を持てれば
自分が変わり、明日は明るい

前向きに生きる心（人生一生修行）

過去に囚われたり、羨望、嫉妬、比較劣等感などを知ることで、自身の自覚する弱点と決めつけ、その心理の反映で、他人に何かと優位性を誇張したりします。これらの心模様は自身の一人相撲であり、自分で苦痛を味わっている生きる欲望のもがきです。しかし、そのことで周りの他人も喜ぶことはできません。むしろ敬遠されます。

また、それらの心は、その感情の源泉を打ち消そうとするものであったり、蓋《ふた》をしようとする働きでもあります。

ところが、その囚われによって、なおのこと、かえって深みに入っていくものと思われます。

では、どうしたら楽になれるのでしょうか。それには、見栄が何になるか、多少の貧富の差がどうしたというのか、肩書きが何なんだ、大して違わないではないかと、かえって今が楽でおもしろいと気づくことです。他人も苦しんでいると思えることです。その他、日頃、身近な付き合いを大事にして、虚心に他人の話を聴くことではないでしょうか。

それらができれば、現実を受け止め、また受け容れることができるようになると思います。一つの便法として、同じ境遇にいる人も少なからずいることを知ることです。また、どんな命にも、いつか、どこかで不都合が起こり得ることも知ることではないでしょうか。自分だけではないと思えること、自分と正直に向き合うこと、これらは本人にしかできません。

まず、先入観に囚われず、頭を空っぽにして、虚心にならなければば気づけません。

幸不幸は人それぞれであり、それを決めるのは他の誰でもなく、その命のその人自身の心です。

心を澄ませましょう。欲を捨てましょう。固定観念を持たないようにしましょう。心臓が動いて息をしていると感じましょう。苦痛を感じる心のすべては、囚われや思い込みではないかと自覚しましょう。思い込み（先入観）は自分の心であって、慢心であり、他人に責任はありません。

同じように、他人は他人で、その人なりの考えや主張を当然持っていることにも気づき、そして、個人の考えは、その本人以外変えられないことを知ることです。それが分かった上で、他の主張や教えを聴く余裕を持てれば自分が変わり、明日は明るいものとなります。

この世は分からないことばかりです。折り合い、助け合い、生かし生かされ合うしかないのです。

もしも辛い経験や人間関係の恨み、あるいは差別や人権の否定などを受けたことに囚われすぎると、精神的、そして体にも悪影響が出ます。そうならないためにも別の集中できることに心を向け、柔軟に寛容さも持ち合わせなければなりません。

我々人類も他の生物も、あくまでも天が与えた、天から与えられた命です。これをしっかり自覚すること、そしてそのことに気づくことができるかどうかにかかっています。

全人類も天の支配下にあること、つまり天の道理で、すべてのことは展開されていくという事実を、正面から受け止めざるを得ず、そのことを認めることの他に方法はありません。

人間社会も大自然もすべてを含めての、その相関関係次第です。

生物には本能が備えられています。生きる欲望です。その欲望が衝突すれば、対立や軋轢、不平、不満、苦痛などが伴い、その間、折り合いがつかなければ争いも起こります。

しかし人間においては、この窮屈な繋がりこそが命の元であり、生かされている証拠であると思えた時、心が前向きに変わるのではないでしょうか。

同じ事象を表から見るか、裏から見るかです。もしかして苦痛と思っていたことが、反対に有り難く思えるかもしれません。万事がその通りにはならなくても、物事の捉え方、生き方、考え方が変わり、豊かな人生を送れることになるのではないでしょうか。

すべてをまずは受け止める心を持ちましょう。そして受け容れ、整理して流せるものは流してもいいでしょう、心に絡みついているものを捨ててもいいでしょう。捨てても命は変わりません。むしろ、いきいきとした命に変わるはずです。

幸せな人生の道理を得るために、何か多くを期待せず、驕らず、愛情と誠意をもって、ただただ人事を尽くし、天命の道理に任せるのです。

心を苦しめているものは、自分自身の心であることに気づくしかありません。人生を生きることによって、懐を深く、器を大きくする訓練をしているのです。自らの都合で相手の心を変えられません。

もともと、正義も善悪も正誤もありません。すべての相関の絡み合いだけなのです。

人間生活は
欲望を満たし合う関係

相関関係による生き方

この世は、無常な天のすべての相関関係で、今、この瞬間となっています。あらゆる動植物の個々の命も、その時その瞬間の相関関係による命です。その関係は常に変化しています。従って、個々の命もそれぞれに、関係の違いによる特徴を天から与えられることになります。

相関の変化が次の瞬間の変化を生みます。これが天体全体で同時瞬間で起こっており、また次の瞬間へ変化、変動しているのです。

これが立天（天が命として成り立つ）の仕組みというものです。

つまり道理です。

人間集団の社会もこの仕組みに完全に組み込まれています。すべては、あらゆるすべての相関関係のみです。人間生活も、真に、それぞれの命の欲望を満たし合う関係で生かされていることになるのです。その関わり方の結果をどのように心が受け容れるかにかかっています。

ありのままの今この瞬間が、天のすべてなのです。すべての要素の関係が、次の関係へ変化するものであり、絶対は天に一切ありません。

人間も、その心で、生かされ合う関係にあります。その交流のあり方に関わりつつ、現実のありのままを、如何に受け容れて生きるかですが、道理に任せて従うしかないのです。如何なる命であっても、常に天から天の裁きを受けるのです。

人間の命は
繋がりがあってこそ

生かし合いのために

人、人類、人間とさまざまな呼び方がありますが、他の生物と同様に、大宇宙大自然の道理によって生まれたものです。

そしてまた、それぞれ、道理によって進化し、退化し死滅し、いずれまた、何らかの影響で生まれ変わり、誕生するとみるものです。一つ一つの命はその時々の道理によるもので、全く同質・同形の命はありません。

しかも、人間の命の意思は、自らの意思とはいえ、それは天が支配している天の意思そのものにほかなりません。

自らの意思を訴え主張しても、繋がりの相関関係から生まれた命であって、他の命にも別の意思があるのです。

人間社会
地球・生物
大宇宙

さらに、大自然の道理が大きく絡んでいるため、そのすべての相関関係によってのみ解決するものなのです。現実の事実が天の道理であって、それぞれの命にとっては、そのまま受け止め、受け容れざるを得ません。天には、善悪、正誤、上下、前後他一切ありません。道理そのものです。命はすべての繋がりがあってこそです。しかも、瞬間の都合による道理が決めるものなので、禍福は糾《あざな》える縄の如しです。めぐりめぐるものであり、避けては生きられないのです。現実を受け容れ、観方を変えて、関係改善をするしかありません。次の展開が待っているのです。人間の命が天の道理によって、より良く生かされるためのルールや仕組みを常に学び創造し、好不都合の波を受けながら生かし合うことが、道理そのものなのです。

人間社会も
天の営みそのもの

立天について

天の営みは常に変化、変動し、天を成しています。天は立つ立たないではなく、そのまま天なのです。しかし、そのままの天をあえて立天とします。

立天とは、天の都合のことです。立天のための営みとは、その構成するすべてが繋がっている関係による、そのすべてのそれぞれが、互いに都合の良い折り合いを求める動きや働きのことです。

人間社会も天の営みそのものです。すべての命も、瞬間瞬間、常に変化、変動、変質の動きから生かされ、多種多様な生物が生まれました。同類同種であっても個々の生命に全く同じものはありません。

動物人間も個々のそれぞれ微妙に違う命が集まって、人間社会集団をつくっています。

その裏は、天の営みと一体です。人間が生き物として生かされる所以《ゆえん》は、道理であって、その道理に任せて、生きていることになります。

個々の個性を活かし、他を生かし合うのが人間社会です。

与えられた個性とは、日常生活の生かし合いに参加する上で、どのような観方、考え方で望み、そして実行していくかという違いとも思えます。生き方の価値観とも言えるでしょう。もちろん、身体的素質も含めてのことであります。

生かし合いとは、個性を活かし合うことです。命は天の営みの中に組み込まれています。折り合い具合は、すべてその関係次第です。天はそのすべての要素が常に繋がっています。瞬間の営みのみです。

人間の個性も、根本的性格そのものはともかく、実は例外なく無常なのです。

人間集団が創る法やルールは天の道理との見合い

社会の流れと観方

大前提として、すべてがこの大宇宙に織り込まれ、組み込まれていることを充分に認識することから始めなければなりません。大宇宙は主体・客体の関係ではなく、すべてが相互相関関係にあるのです。

つまり、全部が繋がっていることになるのです。しかも常に、そして離れられないのです。

この大宇宙の仕組みと営みが、すべてを支配し裁くのです。これが天の都合であり、道理ということなのです。

道理は、全天瞬間の裁きとも言えます。

では、人間社会、天が与えた道理によって生かされている命について、少し絞って観てみましょう。

常に道理が大事なことになります。人間、あるいは生物は道理に生かされ、道理を求め、常に今を生きているのです。

欲を満たす生物、欲を制約される生物、それらすべての命が欲を満たしつつ、一方で、生命の危機に対する身の安全を図り、また、環境や条件などから欲望の制約を受けて、生かされています。

それが今の姿であり、社会の姿です。天の道理です。そして、時代なのです。

人間集団は、誰もがどこかで何かを、生かし生かされ合うために考え、行動し、社会を形成しているのです。しかし、よくよく冷静に考えてみればその実態は、ただただ、その時その時代を、人間動物として生きているにすぎないとも言えます。生きることそのものに、他の動物と特に異なるところはありません。ただし、どの生物も、生きるのに相応しい環境を求めて生きているのです。

それと同じく、人間も人間らしく生きるために、より満足のできる集団を創ろうとします。その人間集団が創る法やルールは、これまた天の道理との見合いです。

時代の道理は、どんな体制を望むのでしょうか。相対的に強いリーダーを求めるのでしょうか。それとも民の力に重きを置くのでしょうか。

偶然に生かされている命
死も生の裏返し

道理のみ

与えられた個性のまま、思いのままに、すべての個々の命は常に変化、変動の道理によって、その瞬間、瞬間に生かされるものです。逆に、生かされないことについても、それは全く同じ原理と言えます。

ただし、すべては、正しいとか間違いとか、良い悪いの問題ではありません。ありのまま、ということなのです。

すべてが天の道理に支配されています。

だから常にその時々の相関関係によって、実はたまたま偶然に生かされている命にすぎないのです。

従って、一つ一つの命の誕生においても、他のすべての現象においても、道理によるお任せの結果ということになります。

それならば、すべての命の個性は、違って当たり前のはずということが分かります。

日々の生活についても、今、その瞬間のことであり、心の動きも真にその通りであって、また死も生の裏返しで、働きとしては同じ意味です。

つまり道理なのです。次の瞬間のことはすべて分かりません。

個々の命から観れば、与えられたものであって、ありのままに生きるしかないのです。動物である人間がより良く生きようとするなら、個性を磨き、個性を活かし、経験から学び、自らの心の満足に納得できるよう精進するしかないのです。

いずれにしても、天の道理を待つのみなのです。

溶けて雨粒に
雲
水の粒が
集まり大きくなる
雨
蒸発した
水蒸気
また海へ
地下水など

人間らしく、自分らしく
個性を最大限活かす

福祉の向上について

天の支配する社会集団での自己表現に向けて、福祉の向上を目指すことを、ここでは、より良い立命と考えます。この福祉の向上とは、公共の福祉の向上であって、集団そのものの基本的幸福度アップを指します。つまり、社会全体の底上げのことを意味します。

それは、集団の平均値ではなく、構成員の経済的最低レベルの底上げと、安全安心の構築に焦点を当てようとするものです。自由を前提としながらも、文化的最低生活基盤となるところを保障する、安定的仕組みづくりは、社会の重要課題です。そのためには、帰属する個々人が、当事者として日頃から問題意識を持つことが、何よりも最も大事なこととなります。

その意味で、現義務教育に、生き方、道徳倫理、労働、政治などの社会の成り立ちについて、実践的教育を取り入れた、制度設計改革を強く望むところです。構成員の人格がそのまま集団の品格となり、福祉の向上（幸福度アップ）に繋がります。生活の便利さ、快適さだけではありません。公のことはもちろん、自由を前提とする個人生活上の意思決定であっても、安全安心を忘れた働きでは、集団社会における望ましい生活は成り立ちません。

しかし、あくまでもそれらの成果は、天の道理が決めるものであることは言うまでもありません。

人間社会は、立命（生活の成り立ち）の支配・被支配をめぐる活動の総合計が常に今の姿なのです。

道理は、プラスマイナスゼロとすることが基本となるはずですが、それは天のみぞ知ることです。あらゆる連関の中での立天における相関の力関係により、千変万化、変質、変動、生々流転、出現、消滅、吸収、合成、分離、分割など瞬間の繰り返しが起こるのです。

誰にも分からないあらゆる繋がりの関係で決まっていくものなので、思うようにならないのが当たり前です。

そうだとすれば、自らの立命に、それなりの満足を得ることはなかなか難しいこととなります。そのような中で、得難い満足感に浸れることができた場合は有り難いということになります。

これが幸せというものではありませんか。

人生は、人間としての精神（心）と、動物としての肉体（体）で、できれば個性に合った仕事に就き、それと家庭での日常の暮らしとが、調和の取れた生活であることが大事なのではないでしょうか。

精神的心の満足と身体的経済的満足との割合を、その命が、如何に望み受け止めるかで、さまざまな人生模様となります。せめて、いつも人間らしく、自分らしく、個性を最大限活かせるような社会であってほしいと願うところです。

努力、精進を重ね
素直に自分と向き合う勇気

人間関係と生活の実態

自身の働き（仕事）は生産活動です。自身の生命維持は消費活動です。個性の限りの生産活動を他者が判断し、他者の生産活動は、己の欲望による判断で決まります。つまり、生かし合いの需要と供給のことで、他でもない日々の生活そのものであり、その基本となる経済活動のことです。

この社会活動が、常に苦痛と喜びをもたらします。自らの思惑と、他者（社会）の思惑との相違から、その実、愛情と打算、誠意と実態、さらに、思い込み、嫉妬、羨望などの心持ちが絡み、悩み苦しむことも当然の如く発生します。

もともと、すべては、あらゆる繋がりによる、その時々の関係から生み出されることであり、それこそ、この経済活動においても、需要側の希望する中身とそれに応える提供側の人、物、その他トータルとしての品質とが、原則として一致しなければ、その生かし合いは成り立ちません。関係はその関係具合で決まるものです。

人間集団は、この経済の需要と供給との関係をベースに動いています。その一つの歯車として、各々の生命が存在しているわけです。

さてそこで、自身が社会の歯車として、どれほどの役割を果たしているかということでありますが、その答えは、社会から如何に望まれ、そして選ばれているかという現実であります。何かと自らの価値観に合う生活欲望を満たそうとするのであれば、まずもって、努力、精進を重ね、自身の働きを提供しなければなりません。が、それを評価し選択するのは相手（社会）であります。従って思惑通りにはなりません。その場合、そこそこ挫折を味わうことになっても、素直に自分と向き合う勇気が大事なのです。自己研鑽を怠り、ただ阿《おも》ねたりしても、他人は相手にしてくれません。そうなれば精神的な苦痛はいよいよ増すばかりとなります。社会のために個性を活かして、如何に役立つか、何がしたくて何ができるかを考え、目の前のやるべきことに集中できれば、幸福は待っているでしょう。

とは言え、人生が修行であることに間違いはありません。日常の仕事や生活においてその関係次第で得られる、一つ一つの小さなことでも、その達成感や成果が有り難いのです。それを、幸せと言うものではないでしょうか。

仕事は、事情が許す限り自由に選択できます。しかし、その成果の程については、社会が選び決めることになります。従って、自らの暮らしの欲望を満たせる限度は、社会に認められた、自身の成果の範囲内ということになろうかと思われます。

個性をフル活用して
現実を認めつつ生きる

与えられた命

命が与えられるのは天の道理によるものであり、人の命にはその意思と感情と欲望が備えられています。本能や性分も道理で決まります。つまり、生きる命令とも言えるのが生命です。

ところが、如何なる命も、誕生の根拠は道理であって、命そのものも、生き方も、どこを探しても、誰に問うても、絶対的な解答はありません。

従って、ただ、日々手探り状態で、与えられた本能のまま生きているのです。否、生きざるを得ないのです。

如何なる命も、命そのものに違いはありません。が、個性には、少しずつすべてに違いがあります。

さてそこで、与えられた本能で生きるしかないなら、その個性をフル活用して思いのままに、生き方の手段を考え、習い、好きなこと、得意特技や特徴を活かし、経験をより良く積み重ねて、自分らしく、現実を認めつつ生きるしか道はないのではないでしょうか。

生き方が分からない、苦痛に感じるというのは、当然の理です。そもそもあらゆる相関の道理でしか決まらないことなのですから。

特に、ある命にとって、その相関の道理が不都合な事態となれば、生きる命令に堪え難くなります。

あとは、それに対応して如何に生きるか、いかなる方法、手段を考え実行するかです。ピンチはチャンスと捉える観方が、できるかできないかということになります。

いずれにしても、善し悪しではなく、その命にとってのありとあらゆる方策をその都度採りながら、とにかく生きなければなりません。即ち与えられた命令に従わざるを得ないのです。

結果は、その時々で違うでしょうが、どういう事態となってもすべては道理なのです。

すべての生物は、その瞬間を生きるように、常に天が働きかけているのです。

人間にはこのような不安な生活が当たり前なので、その不安を少しでも払拭するために、日々、思いの努力を重ね、生かし合いの最善策を講じながら、安定的な福祉の向上を目指し続けるしかないのです。

その瞬間を生きようと
常に天が働きかけている

個性の尊さ（それぞれのものさし）

与えられた命は選べません。個性の交換や取り替えはできないのです。一つ一つの命は、他と同じ部分と違う部分があり、全く同質同様なものはなく、唯一です。

人間以外の動物にも個性があり、観ている景色はそれぞれ違うはずです。欲望の違いや、生かされている社会環境、自然環境、性別、肉体の素質などにより、生物としては同じでも、その生かされ方や生き方は少しずつ、あるいはかなり違うものがあると思われます。

動物である人間も、天が創った命であり、その与えられた経緯からして、自分のことは観えにくいものです。しかし、それはそれで仕方のないことです。すべてが絡み合う動きの中で生きる法しかないのです。従って、自分の個性を磨いて、ありのままにそれを活かすことで、社会の生かし合いの役割を分担することになります。

その分担するに当たり、個性の違いが、各々の命にとって良かったり悪かったり、好都合であったり、不都合になったりして、喜びや苦痛が常につきまといます。

いずれにしても、個性の役割は社会秩序の営みの中において、認められるものであります。

認められることとは、つまり役立ちであり、生かされるということにほかなりません。

働くことは苦痛も伴うが
生き甲斐や喜びでもある

己の命を活かす

すべての生物は、もちろん人間も含めて、自らの生存のために、与えられた能力を使い、他の命をいただいて生きています。

雌雄の愛で生かされた命は、親の命をもらっています。その親も、またその前の親も、そしてそのずっと前の親もそうです。これは肉体的、直接的な命の授受です。

では、人間社会においては、どのようなことが言えるのでしょうか。

それは、人間らしく、人間として、食、衣、住、娯楽、スポーツ、健康などあらゆる生活上で、それぞれの働き（仕事）によって、お互いに生活が成り立っているものです。

その働きこそ命の提供と捉えることができるのではないでしょうか。例えば、米をいただくことを考えてみましょう。その米は土地を耕し、種を蒔き、苗を育てて水を引き、肥料を与え、害虫を防ぐなど精一杯の努力を重ねて育てられたものです。

愛情を込めて、知恵と研究、そして技術を含め、自然との調和を図り、その育てられた米を人間は食します。つまり、その米には人の命の働きが宿っていることにはなりませんか。

命とは、働きです。より良く生かし合うために、それぞれ与えられた個性の命を他者へ与えなければお互いに生かされません。

動物である人間のあらゆる欲望に対し、己の命が、その社会の如何なる欲望に応え得るかです。

個性を活かして働くことには、一生に亘って努力が必要です。生き物である以上、欲があるから、そこには常に生きる不安が伴います。お互いにその不安を解消し合いながら、幸せを感じ合える生かし合いが、働くということなのです。

自然の生物であるところの山の幸、海の幸の命も当たり前の如く人間が食しています。実際、口にするまでは、人間の働きを加えてのこととなりますが、そのことを含めて命をいただいているのです。

我々人間も自然の動物です。生活が成り立つように身の安全、食の確保、子育て等を行なって暮らしています。

その与えられた欲望を満たすため、あらゆる可能な働きでもって、それが達成されるのです。

暮らしの欲望のいろいろに対応できる働きであれば、その欲望によって採用され、命を提供できます。選ばれるための働きとするには、自己研鑽、鍛錬を重ね続けることでなければなりません。

どこまでも、すべては天の道理です。そのために、どんな働きが役立ち、その個性を活かせるかは、一方の社会が望む、その需要との関係で決まるものであります。そのことを忘れるわけにはいきません。

働くことは、その命にとって苦痛も伴いますが、生き甲斐や喜びでもあるのです。

弱さを認めれば心が安らぎ
それが強さとして活かされる

心の操作

与えられた命を生きるということは、天に対する義務と言えます。そのための原動力となるのが、欲望というものです。

その欲望を満たすこととはどういうことでしょうか。

自身の欲望を自ら満たす能力や手段は個々に違います。自給自足で、生活のごく一部は可能としても、多くの欲望は満たせません。だから、全般的な欲望を満たすには、互いに生かし合うということになります。が、その欲望の中身もそれぞれ微妙に違いがあります。

そのために、日々の生かし合いの過程で、頻繁に好不都合が発生するのです。なぜなら、誰彼となく命そのものの違いをわざわざ認識することもなく、思い込みなどで気づかないことが多いためです。

すべての命が無二のもので、人間は当たり前に、その与えられた心のものさしでもって、行動や表現を決めています。

ところが実は、もともと他とのあらゆる相関関係の下での判断でしか、それも決まらないということが前提であり、道理だからなのです。

そこで、とにかく、命ごとに、権利と言える欲望が与えられているわけですから、その裏の義務と言える働きをするしかないのです。その手段や方法は、個性そのものを活かすことになります。特技や秀でたものがなくても仕方ありません。命は、借用、交換ができないのです。

各命にとっては、生かし合いの道場で生き残り、満足を少しでも得ようとするのは天の命令ではありますが、その、働きの評価も天が裁くことになっています。

その命にとって、ストレスや苦痛を覚えることとは、その命の個性が感じることです。自身の生き方や考え方において、特別な苦痛や挫折もなく、また絶望的になることもなく、日常のストレスも別段、重たく感じることもなければ、それに越したことはありません。

とは言っても、天から与えられた命故、その生きる義務は、すべての命にとって大なり小なり辛く苦痛ですが、裏を返せば喜びでもあるのです。

個性そのものや生きる上で、弱点や引け目があると思い込んでいたりすれば、それは言い換えると欲望の裏返しであって、そこから焦りやストレスとなり、それを打ち消そうとして不平不満となったり、見せかけの正当性を主張したりする傾向が現れるのです。

そこで、自らを素直に受け止め、弱さと思えるところを認めて初めて、心が安らぎ、それが実は強さとして活かされ、生かし合いに貢献でき、喜びを味わえるのです。弱点と思っているものを表に出せば、観える景色が変わります。苦しむことは、生きようとすることですから、そこから何かを学べれば幸いです。何かに気づけば勇気が出ます。欲を捨てることと個性と現実を受け容れることとは裏表同義の心です。

現実を受け容れること、そして、個性を活かすことに集中することと、この二つを使って操作すれば、先は、明るく観えてくるはずです。

未練・欲望からくるもの

・どうにもならないことをどうにかしたい
・仕方ないことにいつまでも囚われている
・劣等と思い込んでいる
・悔しい思いをしたことをなんとかしたい
・挫折したこと

↓

現実に気づき認め受け容れる

＝

欲望を捨てる勇気

＝

前向きになれる力

↓

個性を活かして目標や夢に集中

↓

ストレスや苦痛が消える

↓

ハッピー

人生は一生学びの道場
天の意思の現れ

欲望の質量に対する働きの質量

生きる命令である働きが、我欲に囚われるか、それとも他者への役立ちを生き甲斐とするかは、その命に与えられた愛情と誠意の持ち合わせの有無によって分かれます。立場は逆でも相関表裏一体なのです。命は対等です。相手（社会）を生かすは、自分を活かす、そして自身も生かされる。自らをじっくり見つめ、個性を活かす努力しかありません。人生は一生学びの道場なのです。すべての道理の下、すべての命の姿、形、行動、表現は、その瞬間ごとに生きようとする天の意思の現れなのです。

集団なくして生命なし
自由なくして人生なし

天の道理の下で命の活かし方

与えられた命の個性は皆違います。それぞれ欲望を満たすために、その備わった能力を活かそうと活動するのが人生です。ただし、なかなか思い通りにはいきません。

「生物は生かし合い」という姿。それを認識するところを要諦として考えると、その役割分担（自覚の濃淡、強弱は別として）の捉え方には大きく二つのタイプがあるのではないでしょうか。個々人を対象としてその役割を果たそうと、素直に自然に思うタイプと、重畳的集団そのものを把握しようとする傾向を持つタイプです。各自の望ましい立命のあり方の視点は、それぞれの性分として違います。つまり役割の向き不向きの個性のことです。分かりやすく言えば、我が道を行くタイプか、リーダー的に世話好きタイプかということかもしれません。

とにもかくにも、皆生かされています。幸せに生きたいと思うのは疑う余地はありません。その条件として言えるのは、まず、自由に思いのままにということではないでしょうか。

さてそこで、では一人で生きられますかと問われた際の答えです。集団や団体の内外を通して、それらの分かち合い生かし合いで、生命が成り立っていることに気づきます。それも、一つだけの集団や団体ではありません。最大は地球規模で考えなければなりません。最小は家族ということでしょうか。

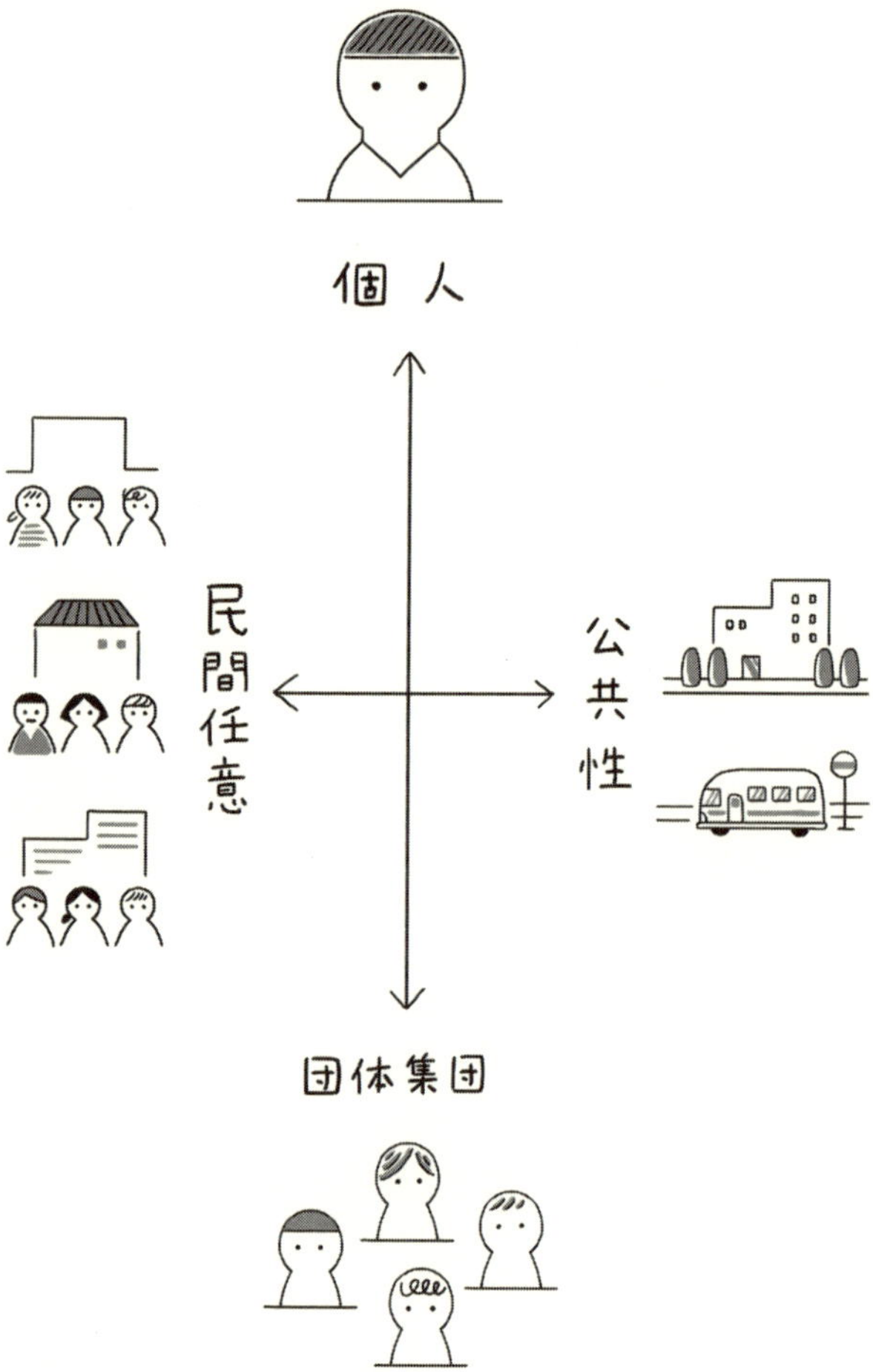
個人
民間任意
公共性
団体集団

集団なくして生命なし、自由なくして人生なし。帰属する集団や団体の目的及び機能、さらに運営統治のあり方をも視野に置きながら生活を送らなければならないでしょう。

個性の命を活かし、互いに生かし合う努力を続けざるを得ず、そこで、喜びと苦しみとを味わうことになります。

これぞ人生の道理と心得たいものであります。

愛を発するも受けるも
気づき次第

愛の形・質・量・表現

全宇宙は、相関一体が前提で成り立っています。

生物の生かし合いのベースは、愛情と思われますが、その愛を発するも受けるも、気づき次第です。

人間関係において、日常生活での問題や仕事に対する取り組みで、例えば、
①前向きだけど思うようにならない
②一方的な被害により苦悩している
③考え方の違いで不都合が生じている
このような状況をどう解決するかも、気づき次第です。

相関の気づきとは、相関のあり方に不都合を感じているその苦し

みの内容に気づくことです。可能な限り手を尽くせば、解決するものであれば、そのことを実行すればよいし、それが不可能なら現実を受け容れるしかありません。素直になることです。理不尽なことや、不都合なことを糺《ただ》したい側が何かに気づいて、それを肥やしにできれば儲けもの。苦しむ側が気づけば人間関係の解決へ向かいます。相手をよく知ることの努力も必要です。相手をこちらが変えることはできません。自身の心の目の向け方（視点）を変えてみましょう。苦しみの原因を、天が与えた当然の教材として受け止めて生きなければ、人生もったいない話です。

そもそもこの大宇宙に絶対はありません。空《くう》なのです。天から与えられた生命は、各々違います。だから、お互いさま、お陰さまなのです。

あくまでもすべては、天の構成要素として、そのすべてが相関関係に置かれていることに、気づけるかどうかではないでしょうか。

　このことが、意識的に認識できれば、何かと思うようにならないことが、むしろ当然だと分かるような気になります。

　苦しみから解放されるだけで、即、幸せです。

　とは言っても、くどくなりますが、ストレスや苦痛を伴うからこそ、人生であると承知してはいかがでしょうか。

　思いのままに、あるがままを活かして天命を待ち、そして、その現実を受け止め受け容れるだけです。


　すべてが天、すべてで天。

あとがき

「人生一度きり」、よく会話で聞く言葉です。

「楽しく生きたい」「生き甲斐を持って、充実した暮らしがしたい」「安心して幸せな生活を送りたい」「健康で長生きしたい」、誰しもが、本能として訴える、もっともな願望です。私も例外ではありません。

還暦を過ぎ、年を重ねてきて、改めて、「幸せな人生」とは、どんな生き方を指すのだろうかと、自分自身に問いかけてみました。正直なところ、いま少し、喜びと生き甲斐を実感したいからであります。

後悔しないように、できるだけ納得のいくものとして、人生を終わりたいという焦りかもしれません。あるいは、それこそ、ただの見栄っ張りとも言えます。

このような心の背景から、まずは「そもそも論」の考察のつもりで、思い浮ぶままを、その都度、メモしていました。そしてそこから、自身にとって、より喜びの大きい生き方を、再確認したいということで、まとめたものが、この書に結びついたのです。

なにしろ、具体性に乏しく、抽象的・思想的・心理的なことではありますが、現実の社会生活を送る上で、どんな生き方・ものの考え方をすれば、よりもっと前向きな明るい気持ちになれるかを、客観的視点から捉えたつもりです。

普段の生活では、ほとんどの人が特に、いちいち深く、何かを考えて活動しているということではないと思われます。目の前のやるべきこと、したいことをこなしているはずです。無意識に、個性のままを生きているということではないでしょうか。

とは言っても、その個性に、人間関係やその他身の回りとのいろいろな関わりが発生します。思いの丈にそぐわない不都合も、多く降りかかってきます。その事柄と内容によっては、相当な苦痛を伴う場合も少なくないはずです。

もっとも、それは、人によって、即ち、個性の違いで、受け止め方に差があると思われます。

しかし、ともかく、ストレスや苦痛、苦悩が耐え難い人にとっては、気が、そのことに取られて、なかなか心が晴れないでしょう。それでもって、普段の日常生活に身が入らなければ、人生もったいないことです

そうした場合に、どんな生き方をしたらよいのか、そのためのものの観方・考え方のヒントになればという思いでもあります。

もともと、自分自身への問いかけではありますが、読者の皆さんのこれからの人生に、何か役立つきっかけとなれば、私の喜びとするところでもあります。

心の迷いの原因究明や個性の再認識を通して、自分を最大限活かす努力を続ければ、充実した人生となるでしょう。

本書は、文芸社からの呼びかけと、私自身が、メモをまとめようとしたタイミングが一致し、ご検討いただいて実を結んだものです。出版企画部の越前氏、編集部の伊藤氏には、何かとご提案をいただき、心より感謝申し上げます。

私は、人間の生きる喜びとはどういうことか、また、どんな生き方をすれば幸せになれるものか、否、そもそも幸福とは一体どんなことなんだと、自分自身が、どこかで再確認したかったまでであります。

一人でも多くの方のお役に立つことができるのであれば、これぞ真に、幸せのご褒美をいただくことになります。

何かと目まぐるしい世の中、お互いのより良い生かし合いでもって、誰もが幸多き人生とならんことを願いつつ、末席から応援しております。

二〇一八年九月八日　　自宅にて

著者プロフィール

川副 陽介（かわそえ ようすけ）

1948年（昭和23年）4月、佐賀県生まれ。

福岡大学商学部卒業。

現在、三井住友海上火災保険（株）、三井住友海上あいおい生命保険（株）、オリックス生命保険（株）の保険販売に従事。

宅地建物取引士。

保護司。

著書『自己責任の論理　目覚めた国民が日本をリストラする』
（2004年、文芸社）

本文イラスト／小林ラン
イラスト協力会社／株式会社コヨミイ

見えた！　分かった！　幸せになるコツ
あるがままを活かそう

2018年12月15日　初版第1刷発行

著　者　川副 陽介
発行者　瓜谷 綱延
発行所　株式会社文芸社
〒160-0022　東京都新宿区新宿1－10－1
電話　03-5369-3060（代表）
03-5369-2299（販売）

印刷所　株式会社フクイン

ISBN978-4-286-19875-0